中国图书情报知识图谱

实证研究

◎ 张小娟 著

中国海洋大学出版社

·青岛·

图书在版编目（CIP）数据

中国图书情报知识图谱实证研究 / 张小娟著 . — 青岛 : 中国海洋大学出版社 , 2018.8

ISBN 978-7-5670-1919-5

Ⅰ . ①中… Ⅱ . ①张… Ⅲ . ①图书情报工作—研究—中国 Ⅳ . ① G259.2

中国版本图书馆 CIP 数据核字 (2018) 第 184292 号

中国图书情报知识图谱实证研究

出 版 人	杨立敏		
出版发行	中国海洋大学出版社有限公司		
社　　址	青岛市香港东路 23 号	邮政编码	266071
网　　址	http://www.ouc-press.com		
责任编辑	郑雪姣	电　　话	0532-85901092
电子邮箱	zhengxuejiao@ouc-press.com		
图片统筹	河北优盛文化传播有限公司		
装帧设计	河北优盛文化传播有限公司		
印　　制	定州启航印刷有限公司		
版　　次	2019 年 1 月第 1 版		
印　　次	2019 年 1 月第 1 次印刷		
成品尺寸	170mm × 240mm	印　　张	12.25
字　　数	213 千	印　　数	1~1000
书　　号	ISBN 978-7-5670-1919-5	定　　价	49.00 元
订购电话	0532-82032573（传真） 18133833353		

发现印刷质量问题，请致电 18133833353 进行调换。

前言

随着网络化、数字化时代的到来，我国图书情报学经历了巨大变化，研究内容在不断拓展。学科领域的核心期刊作为学科交流的主要载体，最能反映研究的实际状况，对其进行综合研究具有重要的学术意义与社会价值。众多学者基于图书情报学期刊论文进行定性或定量分析，但大多从关键词或主题词等角度研究，鲜见从地域视角对我国图书情报学进行时空演变的可视化研究。

近几年，众多学者热衷于图书情报知识图谱的研究工作。图书情报学产生于现代信息技术背景下，其研究内容和方法不断扩展，知识图谱是显示科学知识的发展进程与结构关系的一系列各种不同的图形。图书情报知识图谱借助可视化的图谱，形象地展示学科的核心框架、发展历史、前沿领域以及整体知识架构，通过数据挖掘、信息处理、知识计量等方法把复杂的知识领域用图谱绘制出来，从而使人们用更直观的形式了解知识。

《中国图书情报知识图谱实证研究》分别从研究背景、图书情报知识图谱理论、图书情报知识图谱数据来源、图书情报知识图谱软件、CNKI 数据库、CSSCI 数据库、移动图书馆知识图谱等方面阐述。希望借此研究，为从事学术研究的学者提供有益的借鉴与参考，揭示我国图书情报这一学科的动态发展规律，使研究者快速全面地研究学术热点和前沿领域，为学科的建立和发展提供新的视角，推动我国图书情报的发展。本书研究我国图书情报学的热点和重要主题的时序演变。以关键词为研究对象，构建高频关键词共现矩阵，基于 Ucinet 知识图谱，可视化展示不同时期的热点问题。以信息资源建设、信息组织、信息服务、图书馆管理、图书馆自动化、数据库建设、数字图书馆、图书情报事业、情报学研究等 9 个主题为例，利用 Ucinet 和 GIS 工具可视化展示每个主题研究地域和热点的时序变化。结果显示，每个主题研究都呈现明显的时序性变化特征，7 个主题研究由北京发起，2 个主题研究由广东发起，继而扩展至全国其他区域。

张晓娟

2018 年 6 月

目 录

第一章　绪论

21 世纪，新的科学文献不断涌现，科学知识加速更新，如何在快速发展变化的动态环境中把握知识领域发展的脉络、动向与态势是当前科学研究广泛面临和迫切需要解决的重大课题。作为一门与社会联系紧密的新兴交叉学科，图书情报学在现代信息技术快速发展和社会信息化日益深入的背景下呈现出许多新的特点和新的变化，图书情报学研究内容与研究方法不断扩展，情报学研究热点与前沿不断涌现，学科结构日益丰富，学科体系日益完善。

第一节　研究背景和意义

一、图书情报学含义

情报学是情报信息学科，现在这个专业的本科都归结为信息管理与信息系统专业，也就是信息管理专业，主要是文献信息的组织、存储、检索、咨询、分析和读者服务等相关知识学科。图书情报学是指图书馆业务学科和情报信息学科结合的一门学科。

经统计，1987 ～ 2017 年我国图书馆学情报学 19 种核心期刊的发文数量及其变化。自 1987 年以来，我国图书情报学研究的发展整体呈波浪状起伏上升。我国图书情报学的发展划分为四个阶段。

（1）1987 ～ 1994 年，平稳发展期：20 世纪 80 年代末 90 年代初，受市场经济大潮的冲击影响，图书馆事业曾一度处于低谷。1987 ～ 1991 年间发文量处于渐增期，其分布近似一条直线，1992 年突破 2 000 篇，曲线发展比较平缓。

（2）1995 ～ 2000 年，自动化时期：发文量持续上升，2000 年达到 3 423 篇，较 1994 年增长了 42%，计算机应用到图书馆各个领域，完全颠覆了传统的图书情报学技术，全国大部分图书情报机构实行了自动化管理，建立了多个大型文献数据库，图书馆学情报学研究也进入全方位变革时期。

（3）2001 ～ 2005 年，网络化时期：发文量的曲线发展更加陡峭，到 2005 年论文数量突破 5 000 篇，比 2000 年发文量高出 49%。互联网的普及、中国市场经济体制的确立、高等教育大发展，完全改变了我国图书情报学的社会和技术条件，我国图书情报事业的各方面都发生了深刻的变化，科研人员加强了学科研究。

（4）2006～2017年，快速发展期：发文量更上一个台阶，即将突破10 000篇。随着文献信息服务方式和知识载体的多元化趋势日益明显，知识的传播手段和传播渠道表现出前所未有的多样性和复杂性。互联网环境从根本上改变我国图书情报事业的发展。

二、图书情报学知识图谱的研究背景

图书情报学是由图书馆学和情报学综合形成的，因为在现实领域，图书和情报属于一家，虽然行政归属分离，但是业务上共性非常多，20 世纪 80 年代提出将图书情报一体化的思想。在国外，1953 年，荷兰学者 J. E. L. Farradance 首次提出“图书情报学家”（Information Scientist）这个名词。到 1955 年，“图书情报学家”作为一个学科名称在他的提议下首次被使用，同时国外很多学者和有关院校也经常将“Library Science”与“Information Science”紧密结合一起，固定成为“Library and Information Science（LIS）”。

（一）研究图书情报的原因

21 世纪，人类已经进入数字化、信息化时代，随着计算机技术与互联网技术日新月异的发展，数字化信息已经呈现爆炸式增长的形态，面对于这些海量数字信息资源，图书情报学研究领域正在悄然发生变化，而图书情报学发展历程是起伏不定的，回顾图书情报学过去几十年的发展道路及研究的成果，可以了解，该学科虽在社会的快速发展中做出巨大的贡献，但传统的图书情报理论与实践已经不能完全适应信息时代以及数字化时代的发展要求。国际图联（IFLA）前主席 Anna Maria Tammaro 认为，图书情报学的影响会由于教育、经济、政治、社会以及科技等环境的变化而产生巨大的影响。除此之外，研究图书情报知识图谱基于以下几点原因。

1. 我国图书情报学地位急需提升

学科的学术地位主要取决于三个方面：对学术研究理论的创新力度、对社会进步的贡献率以及解决社会实践中问题的能力。不久前，图书情报学学科地位问题在社会上引起激烈的讨论，很多学者认为图书情报学在整个学术界缺少话语权，没有获得该有的地位。比如在学术界顶尖的学术群中图书情报学学者占比相当少。那么，问题出在哪里？希望通过研究图书情报学的发展来重新梳理整个学科的发展现状、学科研究热点、学科主题演化规律、学科发展弊端，进而完善图书情报学整个体系，提升学科在学术界的地位。

2. 我国图书情报学的迅速发展需要建立新的研究框架

随着信息技术与网络技术的不断发展，我国图书情报学研究重点从传统的文献分析、图书馆服务与管理等研究逐渐转向网络信息资源管理与检索、信息共享、数字图书馆、数据挖掘、本体语义网、知识管理与组织、科学计量学、竞争情报等研究领域，因而大数据时代的发展，使得图书情报学的发展道路也开始扑朔迷离。

同时，图书情报学是图书情报与档案管理一级学科中两个二级学科的综合，随着学术研究领域的扩展，图书情报学研究领域与其他学科有很大的交叉性，比如“信息计量”主题包含、管理学、计算机技术、统计学、数学、服务科学等等多个学科的知识。因此，在以后的研究中，学者需要保持学科研究的包容性、开放性，突破学科“户口”性质，这样才能产生具有影响力的创新成果。由此，学科研究领域的变化以及学科综合交叉性使得图书情报学需要重新梳理、归类，进一步了解学科间的特点，掌握学科的发展规律。

3. 我国建设创新型国家需要图书情报学的理论支撑

《中共中央关于制定国民经济和社会发展第十三个五年规划的建议》的精神和内容指出：图书情报学的学术研究与我国创新型建设、科教兴国以及社会经济的发展有着紧密的联系，我国对该学科有着巨大的社会需求，因此该学科的研究还存在很大的发展空间。当务之急，应提高图书情报学研究能力以及社会服务能力，为快速建设创新型国家做出巨大的贡献。

（二）研究图书情报学的基石

我国学者通过查阅文献、专家调查、问卷调查等方式，运用定性描述、定量分析等方法，对我国情报学发展历程、发展现状和发展前景进行了描述和揭示。赖茂生探讨了情报学理论在数字化时代的应用前景，认为情报学在哲学研究、基本理论知识化发展趋势和学科新核心话语等方面取得了很大突破。毕强探讨了数字时代情报学发展前景，认为数字时代情报学发展的重点是向前沿发展与向外延输出，学科核心话语的知识化，技术与人文两种研究取向的协调统一。赖茂生采用专家问卷调查的方式总结出竞争情报、数字图书馆、知识管理等23个情报学前沿领域，通过综合调查提出知识组织、情报检索、情报研究、信息资源管理与知识管理、数字图书馆等10个前沿研究领域。王益明、崔莎、王婧文概述了2017年我国情报学在理论与方法、信息检索、情报分析与研究、信息服务与用户研究、信息计量学等5个重要领域所取得的研究进展。

传统的定性研究必须查阅几乎所有文献，费时费力还会掺杂主观判断，这种方法犹如“盲人摸象”，它无法准确捕捉学科发展的脉动，无法适应持续变化的学科结构，难以直观地展示知识和信息中令人注目的最前沿领域和学科制高点，难以直观地展现学科发展全貌。传统的定量研究对信息计量的把握比较到位，但缺乏直观性和生动性，难以直观揭示整体知识架构。所以，我们必须找到一种更具客观性、科学性、数据有效性、高效率的新方法来研究科学学科的结构与进展。引文分析理论、复杂网络及社会网络分析、信息可视化理论、方法与技术的成熟为这一切提供了条件与可能。

加菲尔德、普赖斯首创的引文分析理论及方法奠定了科学知识图谱发展的第一块基石。加菲尔德等人于1964年开始了一项开拓性研究——在《应用引文数据撰写科学历史》一文中绘制了DNA研究领域的基于时间的历史发展图谱，这是一项在基于引文的可视化图谱研究中的开创性举动。随后的1965年，学者普赖斯使用相同的数据完成了他的经典论文《科学论文网络》。至此，以引文分析为基础的知识图谱理论与方法应运而生。斯莫尔于1973年创造性地提出了论文“共被引”的概念和共被引分析方法，之后他和格里菲斯以及其他学者又提出双引多引、期刊共被引、作者共被引等多种共被引分析方法。1978年雷迭斯多夫总结和探讨了绘制科学图谱的各种方法，主要是传统的多元统计分析方法。怀特和麦肯等学者以共被引分析为基础，与多种多元统计分析结合起来，建立了基于多维尺度分析的知识图谱方法。

科学知识图谱发展的第二块基石来自统计物理学关于复杂网络系统的研究和社会网络分析的兴起及其在引文网络中的应用。复杂网络系统的理论与应用研究被推向自然科学和社会科学大交叉的学术前沿。与此同时，1989年社会学家哈蒙把社会网络分析方法引入引文网络领域并提出引文网络中的关键路径算法，把科学知识图谱理论与方法提高到了一个新的水平。

科学知识图谱发展的第三块基石来自信息可视化的异军突起和它在引文网络分析中的应用。自从20世纪80年代以来，信息可视化技术获得长足进步，它融合了人机交互、数据挖掘、图像技术、图形学、认知科学等诸多学科的理论和方法，已成为现代信息技术前沿的热门领域。在信息可视化的重大转折浪潮中，涌现不少开拓信息可视化新领域的冲浪者，其中对科学计量学来说，最令人注目的领军人物当首推旅美华人学者——陈超美博士。他先后出版了《信息可视化：超越时空》和《科学前沿图谱：知识可视化探索》，走在了当代科学知识图谱与知识可视化的最前沿。他开发了 CiteSpace 软件，把信息可视化技术和科学计量学结合起来，形成了适于多元、分时、动态的复杂网络分析的第二代信息可视化技术，开创了以知识领域为分析单元的可视化综合性学术与应用领域，把对科学前沿的知识计量和知识管理研究推进到以知识图谱与知识可视化为辅导决策重要手段的新阶段。

随着科学计量学和信息可视化的深入发展，科学知识图谱发展更加成熟并被广泛应用于各科学领域研究，用科学知识图谱研究学科发展趋势和动态越来越多地被学者接纳和使用。借助可视化知识图谱可以形象地展示学科的核心框架、发展历史、前沿领域以及整体知识架构，可以把复杂的知识领域通过数据挖掘、信息处理、知识计量和图形绘制而显示出来，揭示知识领域的动态发展规律，为学科研究提供切实、有价值的参考。

知识图谱虽然在图书情报学很多领域得到了成功的应用，但也存在着一些局限性。主要体现在以下几方面。

1. 研究范围较窄

目前图书情报学知识图谱研究的领域大多是针对某一方向或者某一主题，研究范围相对比较窄，不够全面，未见有针对整个学科的系统研究。

2. 研究数据不够全面、规范、权威

很多研究选择一种或几种期刊，数据量较少，不够全面，存在局限性；不少研究的数据来自未经规范化标引的数据库，导致分析结果不够科学准确；也有一些研究只是基于国内期刊的数据，缺乏权威性。

3. 构建流程和方法不够规范系统

由于目前学术界对知识图谱的研究方法和流程还未形成统一完善的体系，各领域专家可谓“仁者见仁，智者见智”。如在构建方法上，有从定性分析的基础上总结归纳出知识图谱的发展节点的，也有从定量分析的基础上确定知识图谱发展轨迹的；在构建流程上，有从经验出发的经验主义，也有从数据出发的科学统计方法。

三、图书情报学知识图谱的研究意义

科学知识图谱以科学知识为对象，具有“图”和“谱”的双重性质与特征，显示了知识元或知识群之间网络、结构、互动、交叉、演化或衍生等诸多复杂的关系。借助科学知识图谱，人们可以透视人类知识体系中各个领域的结构，理顺当代知识大爆炸形成的复杂知识网络，预测科学技术知识前沿的发展态势。科学知识图谱已经成为跟踪科技前沿、选择科研方向、开展知识管理与辅助科技决策的普遍适用工具。科学知识图谱的应用领域包括对学术共同体及其网络的研究、学科领域的发展及演进、研究课题的扩散与传播、作者或机构间的关系等。

通过分析知识图谱与学科范式的关系，Small 提出新的网络分析工具能为实时监控学科进化提供新方法，通过知识可视化，可预测特定学科的持续发展趋势。陈超美认为可以用“研究前沿”和“知识基础”随着时间变化的情况来表示一个研究领域的状况。CiteSpace 采用突变检测算法来确定研究前沿中的热点词汇，利用研究前沿术语的共现、研究前沿术语引用知识基础文章来寻找研究热点及趋势，以可视化的方式将预测的结果展示出来。

一种学科和理论的建立，需要学者站在前人的肩膀上前行，一种学科的形成是有过程和阶段的。作为知识管理的方法之一，知识图谱在学科领域结构分析方面的作用尤为突出。利用信息可视化技术和计算机程序对学科文献数据以可视化图谱的形式呈现出来，可以清晰地探寻一个学科的兴起背景、演进路径、知识来源、知识结构等，极大地方便了人们对一个学科的认识。

情报学作为一门新兴的交叉学科，与社会联系极为紧密，随着信息技术的发展和社会信息化的日益深入，情报学的研究内容与方法不断扩展，呈现出许多新的特点和新的变化，通过对情报学热点和前沿的追踪，不仅能够深入地揭示当前情报学科发展的轨迹、特征和规律，而且能更好地把握本领域的研究动态和发展趋势。

随着互联网的发展与进步，我国图书情报学发生日新月异的变化，因而研究其发展现状与研究热点问题在时代背景下显得尤为必要。这样有助于发现图书情报学研究中的缺憾和不足，进一步明确和把握整个学科未来发展的重点和研究方向，进而从本质上推动图书情报学研究的进展。下面从七个方面说明图书情报知识图谱的研究意义。

（1）把握我国图书情报学结构以及动态演化，有利于挖掘本学科理论研究发展规律。利用知识图谱研究图书情报学形象化展现该学科的研究内容，不仅可以帮助高校完善图书情报学的建设，而且能推动我国图书情报学的发展。分析图书情报学的演化研究，不是描述或者介绍众多的理论与学派，而是在海量的理论丛林中发现其研究的主题以及发展的内在逻辑，从而探究推动图书情报学发展的动力因素，挖掘本学科研究主题演化的规律。

（2）了解我国图书情报学的研究现状，有利于发现本学科目前存在的弊端。利用信息可视化技术研究图书情报学的特点对其自身学科发展具有重要的启发和作用。从各个方面分析图书情报学的研究现状，发现其在发展过程中存在的缺失环节和薄弱环节，进而分析学科发展的短板和学科特征，为图书情报学范式的确立和理论体系提供科学依据。

（3）研究我国图书情报学的研究主题，有助于学者把握未来研究方向。分析图书情报学的研究热点和研究前沿不但丰富了图书情报学的研究内容，而且可以发现学科体系的“缺失子学科”和“新子学科”的生长点，准确把握本学科发展的未来趋势，为研究人员进行科研选题提供依据，从而推动图书情报学的整体发展。

（4）有利于情报学实践创新，紧跟理论发展前沿与潮流，以创新驱动发展，以发展带动创新。一个学科的发展需要持久的生命力与活力，而创新是学科发展的动力之源、灵魂所在。不断创新学科理论，紧跟时代脉搏和发展前沿，不断开创学科发展实践的新境界乃是新时期情报学保持学科特色与优势、凸显学科核心竞争力的必然要求。

（5）有利于情报学学科发展监测与评价，明晰学科发展方向。可视化分析能够清晰展示 21 世纪我国情报学的内在发展逻辑，分析情报学发展的时代背景，探究情报学演进动因，理清情报学知识来源、知识结构及演进路径，把握情报学研究主题及发展主线，揭示情报学发展特征与规律、发现情报学研究领域薄弱环节，明确情报学未来发展重点与方向，为业界研究者把握研究方向，找准切入点提供可靠的量化信息，有助于科研管理者为图书情报学未来的研究领域及学科建制制定战略规划，并为关键性的前沿课题分配研究基金。

（6）有利于情报学科研合作的深入与优化。在“大科学”和“大数据”时代背景下，研究者倾向于合作研究进而降低成本，减轻课题的难度，提高科研产出能力，扩大学术影响。对情报学科合作网络的研究，将为业界学者选择研究合作对象、优化合作模式提供重要参考依据，有利于加强国内外学者的协作创新，促进情报学前沿领域和前沿技术的发展。

（7）有利于推动国家创新体系建设。在国家创新体系中，科学研究和知识创新具有重要地位，发挥关键作用。现代科学技术突飞猛进，并伴随着网络的发展而在世界上迅速传播，科学研究全球化的时代来临，同时国际竞争也在加剧。研究各学科的进展、演化模式与发展规律是图书情报学科的基本任务之一。通过对情报学科知识图谱的研究，可以总结经验，促进其他学科知识图谱的绘制，有利于把握各学科研究的方向，站在科学研究的最高点，促进各学科的发展，进而推进全社会知识创新活动。

通过定量与定性相结合的方式来对我国图书情报学发展情况进行研究。从以往的研究历史来看，定性研究始终是图书情报专家学者所采用的必不可少的研究模式。而定量分析方法因数据精确、逻辑严密以及结论科学，是对定性分析图书情报学研究的一个完美补充。通过两种方式结合研究共同揭示我国图书情报学研究主题演进规律以及研究前沿，进而辅助图书情报学研究者和发展战略制定者更好地把握其发展趋势与未来走向，加快推进我国图书情报学发展的国际化进程。

第二节　研究内容与方法

一、中国图书情报学知识图谱研究内容

（一）中国图书情报学方向的期刊统计

对学科领域进行研究总结可以有多种途径，其中一种常用途径就是对学术期刊发表的论文进行统计分析。学术期刊是学科交流的重要载体，它展示了研究领域的成果，最能反映研究工作的实际情况、研究成果和研究水平。由布拉德福定律可知，学科的核心期刊有三大特点：学科性、集中性和代表性。其刊载文献能够较客观、全面地反映本学科的研究热点和发展趋势，达到本研究的目的。

选择北大图书馆编制、北京大学出版社出版的《中文核心期刊要目总览》（2017 版）中认定的 19 种图书馆学情报学核心期刊 1987 ～ 2017 年刊载的学术性科技论文作为研究对象，这 19 种期刊分别为《中国图书馆学报》《情报学报》《大学图书馆学报》《图书情报工作》《图书馆杂志》《图书情报知识》《情报理论与实践》《情报资料工作》《图书馆建设》《图书与情报》《图书馆》《国家图书馆学刊》《现代图书情报技术》《图书馆论坛》《图书馆学研究》《图书馆工作与研究》《情报杂志》《情报科学》《图书馆理论与实践》。

《中国图书馆学报》，1957年创刊，双月刊，曾用名《图书馆学通讯》（1957～1990），是由中华人民共和国文化部主管、中国图书馆学会和中国国家图书馆主办的国家级图书情报学专业期刊。据统计，从20世纪90年代中期至今，《中国图书馆学报》所发文章被引频次和影响因子在国内图书馆学期刊中均位居第一。正因为其发表的文章学术水平高，观点新，在专业界影响大，所以被定为国家级核心期刊、"中国期刊方阵"期刊，并荣获"国家期刊奖之百种重点期刊"，连续被评为"全国优秀图书馆学期刊"，被国际上许多著名的检索期刊如《乌利希国际期刊指南》《图书馆文献》和《最新连续出版物题录》等收录。

《情报学报》，1982年创刊，月刊，由中国科学技术情报学会和中国科学技术信息研究所主办，主要发表情报科学理论研究和实验研究的学术论文及优秀的综述评论。涉及内容有人类知识信息产生、交流和利用行为的研究，信息资源特征的研究，信息收集、加工、存储、检索、传递与应用中的理论和方法，情报分析与决策支持，信息经济、信息市场和用户研究；信息服务，信息工作的组织、管理和政策研究，等等。《情报学报》以刊载高质量的情报学专业论文见长，注重定量和实证研究，是我国情报学领域最为权威的学术期刊，并被国内外众多检索系统收录。

《大学图书馆学报》，1983年创刊，双月刊，由北京大学和教育部高等学校图工委主办的机关刊物。最初由1981年创刊的《大学图书馆动态》发展而来，1983年改为《大学图书馆通讯》，1989年改为现名。其目的在于及时准确地传播党、政府和国家教委对图书情报事业发展的决定和措施，报道全国各省、市高校图书馆工作委员会和高校图书馆工作的进展情况，探讨高校图书资料情报工作中提出的各种理论、方法和技术问题，发挥对高校图书馆和情报工作的指导作用。现已有30多年办刊历史，形成了良好的办刊传统。它始终坚持理论联系实际的方针，既反映理论研究的成果，又重视解决现存的实际问题。在大学图书馆开设文献检索课、文献资源布局调查、大学图书馆评估和图书馆自动化方面，做出了富有成效的实践和理论总结工作，对推动我国高校图书情报工作的开展做出了重要贡献。该刊质量稳定，在同类刊物中一直名列前茅，连续入选中国图书馆学核心期刊，连续五次被评为"全国图书馆学优秀期刊"。

《图书情报工作》，1956年创刊，半月刊，曾用名《中国科学院图书馆通讯》《图书馆工作参考资料》《图书馆工作》，由中科院文献情报中心主办。它是最早从双月刊改为月刊的图书情报学杂志，一直倡导图书情报一体化，恪守理论与实践相结合，弘扬学术精神，推动事业发展的办刊宗旨，形成了面向实践、注重新技术、追求理论精品的特色，铸就求实创新的风格。该刊在我国图书情报学科中发文质量高，学术影响力大，影响因子居领先地位，是重要的图书馆学情报学两栖核心期刊。而且它一直都被《中文核心期刊要目总览》收录，是核心期刊中的优秀期刊。自 2007 年 12 月开始又创办了《图书情报工作网刊》（现更名为《知识管理论坛》），收录内容包括学术论文、会议论文、学位论文（摘要）、会议或学术 PPT、业界资讯等，形式更加多样化。

《图书馆杂志》，1982 年创刊，初为季刊，1987 年改为双月刊，1999 年改为月刊，由上海市图书馆学会和上海图书馆合办。该刊坚持站在学科发展前沿，坚持理论联系实践的办刊宗旨，形成了前瞻探索与现实研究并重、理论学术与实践操作共举的特色。除了学术交流以外，它还努力使刊物成为图书馆学界的舆论工具，非常重视探讨图书馆在社会经济发展中的作用和地位。2000 年，《图书馆杂志》经由国家新闻出版署评定、公示后，确定进入“中国期刊方阵”。1992 年以来，《图书馆杂志》连续多次列名入全国中文核心期刊。在国内外各个机构组织的多种核心、优秀期刊评比中，《图书馆杂志》在同类专业学术期刊中也一直名列前茅。

《图书情报知识》，1983 年创刊，双月刊，是由武汉大学主办、武汉大学信息管理学院和武汉大学信息资源研究中心承办的国家一级学科“图书馆、情报与档案管理”综合性学术期刊。其前身可追溯到 1929 年创办的《武昌文华图书科季刊》，后更名为《文华图书馆学专科学校季刊》。该刊坚持“关注公众知识状态、引领学科发展潮流”的宗旨，倡导“以人为本、理论联系实践”的办刊理念，依托武汉大学信息管理学院的办学优势，追踪学术前沿，理论与实际相结合，为图书情报学教育及科研提供最优良的学术交流平台。该刊栏目设置颇具特色，前沿理论多，学术信息量大，论文转摘率高。自 1984 年正式创刊以来，该刊已连续多次被中国图书馆学会评为“中国图书馆学优秀期刊”，被《中文核心期刊要目总览》收录，并被《乌利希国际期刊指南》收录，在国内外享有广泛学术影响。

《情报理论与实践》，1964 年创刊，月刊，曾用名《兵工情报工作》，是中国国防科技信息学会和中国兵器工业集团第 210 研究所联合主办的国家级图书馆学情报学理论与实践工作前沿性指导性学术刊物，中国国防科技信息学会会刊。它全面、系统、及时、准确报道国内外图书馆学情报学与信息技术发展动态，研究探讨图书馆学情报学理论方法、信息服务实践和科技信息工作，在我国图书馆学情报学核心期刊中有较高声誉，在国内外有广泛影响。

《情报资料工作》，1980年创刊，双月刊，由中国人民大学主办，是CSSCI来源期刊、全国中文核心期刊、中国人文社会科学核心期刊。同时，它也是中国社会科学情报学会学报。刊物主要关注图书馆学情报学中高质量理论研究成果和重大应用成果，重视文章的理论研究深度和实践指导价值。

《图书馆建设》，1978年创刊，月刊，由黑龙江省图书馆学会和黑龙江省图书馆主办，黑龙江省文化厅主管。1978年创刊时定名为《黑龙江图书馆》，供内部交流，自办发行，季刊。1984年起由内部交流刊物转为国内公开发行刊物。1987年改为双月刊。1992年更名为《图书馆建设》。2008年由双月刊改为月刊。多年来，《图书馆建设》一直秉承“立足全省、面向全国，理论与实践相结合，普及与提高并重”的办刊宗旨，遵守“以质取稿、严谨务实”工作作风，注重图书馆学基础理论的研究，并结合当代中国图书馆事业发展的实践，反映图书馆学界的最新研究成果。

《图书与情报》，1981年创刊，双月刊，是由甘肃省图书馆、甘肃省科技情报研究所、甘肃省图书馆学会、甘肃省科技情报学会合办的专业刊物。该刊在立足于本地区图书情报工作和文献研究的基础上，面向全国开展图书情报理论研究，不断报道新观点、新理论和新方法。从1999年至今，《图书与情报》一直是南京大学CSSCI来源期刊，名列《中文核心期刊要目总览》核心期刊目录。1989年被中国图书馆学会授予“全国图书馆学情报学优秀科研成果特别奖”。截止到2018年1月，数十次获得中国图书馆学会编译委员会授予的“全国优秀图书馆学期刊”奖。

《图书馆》，1973年创刊，双月刊，曾用名《湘图通讯》，由湖南图书馆、湖南省图书馆学会、湖南省中心图书馆委员会主办。1983年正式向全国公开发行。它是一本综合性的图书馆期刊，内容包括图学书馆学、目录学、情报学研究，兼具学术性、知识性和普及性，务实求新是它的特色。

《国家图书馆学刊》，1977年创刊，双月刊，曾用名《北京图书馆馆刊》，由中华人民共和国文化部主管，国家图书馆主办。该刊以促进图书馆学研究、推动图书馆事业发展为宗旨，积极关注国内外图书馆事业及相关学术动态，贴近工作实践和理论前沿，突出重点和热点问题的研讨。同时适应信息时代特点，捕捉相关领域高新科技信息，推介新型管理模式，展示最新学术成果和发展动态。每期会专设1～2个专题论坛，集中探讨业界和学界共同关心的话题。

《现代图书情报技术》，1980年创刊，月刊，曾用名《计算机与图书馆》，由中科院文献情报中心主办。1980年，由中国科学院文献情报中心主办，《计算机与图书馆》不定期，只作为《图书情报工作》参考资料内部交流。自创刊之日起，它就以推动中国图书情报现代化事业发展为己任，倡导“理论联系实践，普及与提高相结合”，率先吹响了将计算机技术应用于我国图书情报学科的号角。20世纪80年代中期，计算机技术迅速崛起，并逐步渗透到我国图书情报学的方方面面。秉承一贯与时俱进的作风，1985年《计算机与图书馆》正式易名为《现代图书情报技术》(季刊)。新名称，新起点，刊物的办刊宗旨、报道范围都有了新的外延和内涵。2004年，从季刊改为双月刊直至月刊，从封闭走向市场，逐渐走向成熟。

《图书馆论坛》，1981年2月创刊，双月刊，曾用名《广东图书馆学刊》，由广东省文化厅主管，广东省中山图书馆主办。它入编《中文核心期刊要目总览》《中国人文社会科学核心期刊要览》，是RCCSE中国核心学术期刊、CSSCI来源期刊。自1999年起入选中国学术期刊综合评价数据库、中国期刊全文数据库、万方数据——数字化期刊群、中国核心期刊数据库等。2005年、2008年、2012年、2016年四次被评为“全国优秀图书馆学期刊”。它是集学术性和实践性于一体的综合性图书情报学期刊，一方面注重基础理论研究，反映我国图书情报学研究最新成果，另一方面重视实践研究，报道、交流和推广业界新成果、新技术、新经验，展示我国图书馆建设的最新成就。

《图书馆学研究》，创刊于1979年，半月刊，由吉林省图书馆主办。现分为理论版和应用版。主要发表图书馆学、情报学、信息管理学、文献学等与信息管理与传递相关的理论与实践方面的学术研究论文。

《图书馆工作与研究》，1979年创刊，月刊，由天津市图书馆学会、天津图书馆、天津市少年儿童图书馆等单位联合主办，是以图书馆学研究为主的综合性学术刊物，特别强调学术性与知识性、理论与实践、提高与普及“三个相结合”的原则，贴近现实，贴近工作，适应信息时代的特点，尽力捕捉有关图书馆行业的重点和热点问题，以及本专业国内外最新学术成果和发展动态。

《情报杂志》，1982年创刊，月刊，曾用名《陕西情报工作》，由陕西省科学技术信息研究所主办。它是CSSCI来源期刊及中文图书馆学情报学类核心期刊。立足情报学领域，兼顾理论研究与应用研究，以鼓励原创和培养新作者为己任；坚持严谨求实的办刊风格，崇尚科学，鼓励创新，倡导学术争鸣，抵制学术造假。该刊的重点培育方向有情报研究（情报理论、情报文献、情报规划、情报语言、情报史等）、情报分析（预警、预测、监测等）、情报管理（情报组织、情报政策、情报服务等)、专业情报(战略情报、科技情报、经济情报、竞争情报、商业情报等)、情报机构、数据安全、反情报等。

《情报科学》，1980 年创刊，月刊，曾用名《国外情报科学》，由中国科学技术情报学会和吉林大学主办。它是集理论性、实践性和知识性于一体的情报学理论与方法研究方面的学术性刊物，通过学术交流促进我国情报科学研究的发展，开展情报教育，普及情报知识，报道内容涉及高校图书馆网络化建设、现代信息业发展、多媒体技术、情报人员结构等方面。

《图书馆理论与实践》，1979 年创刊，月刊，曾用名《宁夏图书馆通讯》，由宁夏图书馆学会和宁夏图书馆主办。该刊努力践行专业期刊宗旨，既立足西陲，更面向东南北中，保持学术杂志本色。它长期关注理论前沿，时时追踪行业热点，鼓励学术争鸣，扶持新人新作。

目前，我国图书情报学核心期刊的刊期以双月刊和月刊为主，双月刊有 8 种，月刊有 9 种，还有《图书情报工作》和《图书馆学研究》2 种半月刊。刊期的变化主要集中在 1994 年、2000 年、2009 年前后，1995 年前后由旬刊变更为双月刊，2000 年前后由双月刊改为月刊。由此，我国图书情报学科论文发表的年度趋势在一定程度上受其影响。

在总体布局上，我国图书情报核心期刊带有明显的地域性和综合性特色。其研究内容包罗万象，栏目也大同小异，既有理论探讨，也有实践介绍；其研究范围无限延伸，既覆盖公共图书馆，也覆盖高校及科研系统图书馆，具有典型的综合性。刊物的地域分布不均衡，北京有 8 种，吉林有 2 种，其他的都分散在上海、广东、湖南、湖北等 9 个地区。这种地域分布不均衡主要是由政治、经济和文化教育事业等多种因素发展不平衡造成的。从总体上看，北方片区现代化水平高于南方片区，东部片区高于西部片区，这和我国图书情报学学术水平的分布基本吻合。在八大片区中，东北和华东地区的现代化水平最高，其次是东北、华南、黄河中游和长江中游地区，比较低的是西北和西南地区。然而华东地区(沪、苏、浙)的图书情报学期刊发展与其地理位置不太相符，期刊总数和公开发行的数量都不多，且仅有一种核心期刊《图书馆杂志》。西部地区无论是期刊数还是核心数都是最少的，期刊发展的成熟度不高也间接反映出该地区的图书情报学科发展偏弱，所以我们更应该关注西部地区图书情报期刊，关注西部地区图书情报学的发展。

总之，上述 19 种期刊办刊历史悠久，特色鲜明，收录内容广泛，能够反映我国图书情报工作的现状和学术成果，对本研究起到有效的支撑作用，达到研究目的。

（二）利用知识图谱分析图书情报

通过知识图谱理论，采用文献计量方法与多元统计方法相结合的分析方法，从四个方面分析我国图书情报学发展研究，研究内容主要包括以下几点。

（1）通过文献调研，得到我国图书情报学研究背景和研究意义，然后再分析图书情报学在文献计量学的研究现状，并总结出目前国内外研究趋势和研究存在的问题。

（2）通过知识图谱理论与研究方法及数据来源，人们可以了解其基本概念和应用领域，所采用的研究方法主要有词频分析、共词分析法、信息可视化方法、聚类分析以及战略坐标分析法，对数据来源情况以及如何处理进行简单说明。

（3）对我国图书情报学近十年国家基金立项基本情况进行分析，重点研究立项数量、立项类型以及立项主题。其次，对图书情报学研究学者进行分析，主要研究高产学者的分布以及学科核心的研究团队情况，并绘制相对应的图谱。最后，通过绘制图书情报学科研机构分布以及机构合作图谱，了解整个学科的科研机构类型分布、地域分布以及机构间合作关系。

（4）如果想要研究我国图书情报学知识图谱的主题演化，人们可以通过相关软件提取学科近十多年出现的高频关键词，然后针对出现的核心高频关键词进行分析。其次，利用统计分析软件生成高频关键词共现矩阵，进而对其进行聚类分析，得到研究主题类团，然后利用战略坐标方法绘制各个时间段的图谱，形象展示各个主题的演化规律。最后对比三个时间段的学科研究热点以及研究主题，揭示出图书情报学的主题演化规律。

当研究结束后，人们便可以总结研究工作，从两个维度研究的结果通过定性与定量相结合的方法推导出我国图书情报学目前的研究现状、研究热点以及未来的发展趋势，为图书情报学的发展提供参考依据。

本书还采用了以下三种创新方法研究中国图书情报知识图谱。

（1）结合齐普夫定律计算 2000 ～ 2017 年文献数据出现的高、低频关键词的界限阈值，而在以往的图书情报学研究中，大多数学者采用先前的研究经验确定高频关键词，主观性较强。相对而言，本书引用齐普夫定律来确定阈值，减少研究的主观性，更加增强学术研究的科学性和客观性。

（2）本书采用共词技术，动态分析图书情报学研究主题的演化，把时间分为三个时间段，然后对三个时间段分别绘制研究主题的战略坐标图，得到每个时间段的研究主题在战略坐标图中所处的位置；再根据三个时间段研究主题的位置变化，可发现该学科研究主题演化生命周期为“增长—分化—成熟—衰亡”。一个新的热点刚出现，一般出现在战略坐标图中第三象限的外侧“增长区”。随着时间的推移，慢慢演化为分化区，即靠近原点的区域。在分化区的研究主题会呈现两种趋势：一是研究主题中较成熟的部分移动到成熟区（第一象限外侧），二是不怎么成熟的部分可能会依然停留在第三象限（边缘非核心区），或消失于坐标轴中。而成熟区的研究主题就是整个学科最核心、最受欢迎的研究热点，不过当该区域的研究主题达到顶峰的时候，热点会开始慢慢消失。

（3）本研究采用系统聚类对文献的关键词进行聚类，然后引入黏合力的思想，确定研究主题类团的名称，这种确定类团名称的方法与传统的依据经验法来主观确定相比，更具有说服力，通过黏合力的计算公式，黏合力较大的词称为中心词，在确定名称的时候有着至关重要的作用。

二、中国图书情报学知识图谱研究方法

本书基于知识图谱理论，以定量研究为主、定性分析相辅，获取最终的研究结论。首先采用词频分析方法，整理文献数据中最主要词汇出现的频次，做基本的分析，并以此为基础，利用信息可视化技术从微观层面上分析我国图书情报学的研究基本现状，如我国图书情报学的权威机构以及权威作者等方面。然后通过知识图谱理论中共词分析与聚类分析对 2000 ～ 2017 年间我国图书情报学 18 种核心期刊的高频关键词进行聚类分析和战略坐标分析，获取图书情报学的研究主题以及演化规律。本书理论研究与实证分析相结合、横向比较与纵向比较相结合、定量统计与定性分析相结合，用社会网络分析方法、最新的知识可视化工具来进行研究，主要方法如下。

（一）词频分析法

词频分析法的基本原理是依据同一个词（关键词或主题词）在某个研究中出现次数的多少，决定这个词（关键词或主题词）是否该领域的研究热点及其变化的趋势的基本书献计量方法。词频分析是文献计量中最基本、最常用的一种分析方法，一般情况下，一篇文献都需要把与研究主题最相关的词语定义为关键词，因而可以把关键词理解为文献作者所表达的核心主题，某领域内出现的高频关键词就是该领域的核心热点。

（二）共词分析法

法国文献计量学家于 20 世纪 70 年代中后期最先提出“共词分析”这一说法。

目前，共词分析已被众多学者广泛应用于大部分领域，其主要作用是从横向和纵向角度分析不同领域学科的发展过程、学科特点以及研究热点，揭示某一领域的研究主题，探索该领域内研究主题间的关系，以及主题的发展历史脉络和演化态势。

1. 共词分析法的基本原理

共词分析是内容分析法中较成熟的理论，目前，共词分析的定义尚不明确，但其基本原理已经得到大部分研究者的认同。共词分析法的原理主要是统计一词同时出现在同一篇文献中的频次，在此基础上对这些词进行聚类分析，根据聚类结果了解这些词间存在的相似关系，最终分析这些词所属学科的研究主题变化情况。

2. 共词分析法的研究步骤

共词分析相关研究的步骤基本上包括以下五步。

第一步：确定研究目标。以前人文献计量研究中的关键词或主题词作为共词分析的主要研究目标。

第二步：获取论文关键词。提取论文关键词是分析的前提，目前主要有两种方式：一种是通过专门的文献计量分析软件，方便、快捷地从全文文本中进行提取，用以分析词汇之间的关联性；二是从专门期刊数据库中提取文献字段（包含关键词在内），用来分析文献内容的关联性。

第三步：选取高频关键词。在某个学科领域若一个关键词出现的频率越高，则表示这个关键词可能表示该学科的一个研究热点。本研究主要应用软件工具 Bicomb 统计图书情报学论文数据中所有关键词的出现频次，再根据文献计量学中的齐普夫定律计算出高频关键词的阈值，进而得出高频关键词与低频关键词的分界点，选取该学科研究领域内有效的高频词汇。这样可以避免低频词对统计分析造成的干扰。

第四步：建立高频关键词矩阵。通过 Bicomb 软件将两两关键词在同一篇文献中出现的频次统计出来，若高频关键词的数目为 A 个，就可以形成一个 $A \times A$ 的共词矩阵。根据前人的研究可知，在实际的研究过程中，还需要将共词矩阵转换成与之相对应的相似矩阵。

第五步：展示共词分析结果。通过 SPSS 进行聚类分析，将最终的高频关键词聚类为研究主题类团，可以通过战略坐标分析的方法将聚类结果以可视化的形式直观地、清晰地展示出来。

（三）聚类分析法

聚类分析（Cluster Analysis）是基于物以类聚的理念研究事物分类问题的一种

多元统计方法，实质上是通过变量间的亲疏关系进行分类。目前聚类方法主要有三种：一是 K-mean 聚类，也称快速聚类，经常应用在大样本数据上；二是系统聚类，是目前使用最多的、研究最充分的聚类方法；三是两步聚类，适用于分类变量和连续变量聚类。

聚类分析是以共词分析为基础，也称共词聚类，它主要是以某对词共现的频率作为分析对象，把它们之间错综复杂的交叉网状关系形象表示为数目相对较少的若干类群。通常在一篇文献有多个关键词组合出现，如果一对或一类主题词同时出现在多篇文献中，这说明这些关键词关系密切，其中关联紧密的关键词相互靠拢聚集在一起，形成相对独立的类团，每个类团可以表达某一学科的分支内容。本书主要采用的聚类方法是系统聚类，在聚类过程中，可以采用组间距离法来计算两类的平均距离，使得类团内组间距离最小，类团间组间距离最大。

在实际操作中，为了提高共词聚类结果的准确性，在进行聚类分析之前，需要对分析的数据进行简单处理，剔除某些对聚类不起作用或作用较小的低频关键词，因而本书选取高频关键词作为研究对象。不过需要说明的是，聚类分析也存在着一定的局限性：一是使用不同高频关键词划分指标，划分标准以及类团划分标准，都会影响最终的类团归类结果；二是在聚类过程中，一个关键词只能被归类到一个主题类团中，它不可能同时出现在两个类团中，但在现实研究领域，两个研究方向共有一个关键词是很常见的；三是由于关键词出现频次较少，导致该关键词不能有效地归类到相应的类团中，从而引发类团主题不完整。因此，本书聚类分析的结果可以被看成是经验性的总结。

（四）可视化的战略坐标法

战略坐标图（Strategic Diagram Graph）是用可视化图谱方法来表示聚类分析产生的结果，其聚类分析建立在以主题词或关键词为研究变量的基础上。Law 等人于 1988 年提出通过绘制战略坐标图的方法来展现某一研究领域的内部关系以及该领域与其他领域间相互影响的情况。战略坐标图是主要以向心度和密度这两个参数进行绘制的二维坐标图。其中 X 轴为向心度（Centrality），表示各个研究领域相互影响的强度；Y 轴为密度（Density），表示该领域的内部紧密度；以向心度和密度的平均值作为原点，四个象限分别表示不同的研究意义。

（五）文献调研法

笔者在写作初期广泛收集国内外知识图谱研究领域的相关文献，通过文献调研发现我国情报学研究多采用定性研究和定量研究方法，情报学知识领域研究有所涉及但也不够全面。因此，本书着重从知识图谱视角研究21世纪我国情报学的发展与演变。经过文献调研，笔者对整体研究框架的把握更加科学、更加到位，后期写作变得得心应手。

（六）计量分析法

运用先进的文献题录信息统计分析工具SATI，对样本题录信息进行字段抽取、频次统计、矩阵生成等操作，生成关键词、第一机构、作者等知识单元高频词汇排名表，2010～2017各年度高频关键词排名表，前100位高频作者共现矩阵表，为后续的图谱分析和图谱绘制提供了有效数据支持。

（七）对比分析法

通过对比不同年份的高频关键词，揭示关键词的热度变化趋势，预测相关研究热点集中出现的大致时间。通过对比不同年份的合作率与合作度，绘制这两个指标的曲线图，从合作广度和合作深度两方面来揭示21世纪我国情报学科研合作整体变化趋势。

（八）归纳分析法

通过关键词的共现分析，归纳情报学研究热点领域，通过机构发文量识别高影响力科研机构，并对它们的共同特征进行归纳，识别归纳年度关键词中多年重复出现的词汇。

第三节　中国图书情报学的发展历程

古人云："读书不寻源头，虽得之殊可危。"对图书情报学发展史的研究实际上是积累图书馆学情报学知识的一种方式，它与图书馆学情报学的发展是密不可分的。它能够揭示从古至今学科发展的源流，找出各时期主要代表人物，继承前人的研究成果，总结归纳经验和规律，有助于我们更好地认识图书馆学情报学的发展，提高研究者的理论素养和科研水平，养成历史思维和理论思维相结合的习惯，形成浓厚的历史感和史论相结合的意识，用发展的眼光去审视图书馆学情报学的发展。

一、国内图书情报学的发展

20世纪初，西方图书馆学大量输入，近代图书馆在我国兴起。"新图书馆运动"促进了我国图书馆学的形成。1917年国内文献首次出现"图书馆学"一词。

1920 年，美国韦棣华女士和沈祖荣创办武昌文华大学图书科，标志着近代图书馆学正式诞生。此后，产出了一系列图书馆学专著和专业期刊，一些高等院校建立了图书馆学专业。20 世纪 30 年代的战争动乱中断了刚形成的图书馆学研究。

1949 年，中华人民共和国成立，结束了动荡的战乱时代，图书馆学的研究步入崭新的发展时期。20 世纪 50 年代，大规模介绍列宁和毛泽东等关于图书馆事业的论述。1956 年，在南京首次举办图书馆学科学讨论会，国内掀起了图书馆学基础理论的研究热潮，全面展开了对图书馆学的研究性质、研究对象和研究内容的讨论，推动我国图书馆学研究从偏重技术方法的描述逐渐转向学科理论框架的建构。这一时期理论研究的代表为"五要素说"和"矛盾说"。1966 ～ 1976 年，我国图书馆学理论研究再次中断。这 10 年间我国图书馆学的研究理论基础比较单一，仍处于经验描述阶段，批判性较强，受意识形态影响较大。从 1978 后，我国图书馆学研究获得新的发展，人们不满足于经验图书馆学直观描述式的研究方法，迫切要求变革和深化图书馆学的理论研究。一批青年学者在融合国外先进理论和方法的基础上，从社会交流的地位考察图书馆，提出了"情报交流说""知识交流说"和"文献信息交流说"理论。20 世纪 80 年代中后期，随着理论研究的深入，学者们又转向宏观现实问题。总之，20 世纪 80 年代图书馆理论变革彻底瓦解了经验图书馆学，确立了现代图书馆学的研究范式。

进入 20 世纪 90 年代，我国图书馆学基础理论研究不断深入，理论研究成果丰硕，广泛吸收其他学科的知识体系和方法论来重构图书馆学理论体系，注重理论与实践相结合。此外，重视国外图书馆学的研究，积极引进他人的先进成果，取得了一定的学术研究成果。这一时期，信息管理由单纯的技术管理发展到全面综合的信息资源管理，并迅速渗透到图书馆学各领域，一种全新的信息观念被确立起来。

进入 21 世纪，图书馆的自动化、网络化、数字化促使我国图书情报事业发生深刻变化。从思想层面上看，表现为对图书馆性质的认识，图书馆的办馆理念、办馆模式以及组织管理等方面的变化，知识管理开始受到人们重视；从信息技术层面上看，促进了技术更加先进、覆盖面更广、更方便用户利用的数字图书馆的研制和开发。

情报学起源于文献学，是"第二次世界大战"后逐步形成的一门新学科，但在我国始于 20 世纪 50 年代。1956 年中科院成立了科学情报研究所，标志着我国科技情报事业的开始。初期学者们主要是引进国外的情报工作理论与方法，探索符合我国国情的科技情报事业体制和情报服务多样化的理论。1958 年，全国科技情报工作会议后开始出现情报述评和分析，并逐渐发展成中国特色的情报研究工作，其成果具有综合性、战略性和及时性。

20 世纪 60 年代中期至 70 年代末期，随着计算机技术的日益成熟，情报学经历了短暂的发展，主要研究自动化情报检索系统及其处理技术。在此期间，情报学受到多方面因素的影响陷入停顿状态。

20 世纪 80 年代初期至 90 年代初期是国内情报学研究的全面复苏时期，相继掀起了两个高潮：一是情报学理论研究和建设，引进国外情报理论，开始学习和探讨波普尔的“三个世界”理论、布鲁克斯的知识方程式，以及系统论、信息论、控制论、耗散结构论、协同论等，为我国情报学基础理论研究打下基础；二是信息技术引进和应用，开始计算机情报检索的试验、应用和研究，出现了计算机编制主题表、汉字切分、中文全文检索、自动标引等应用研究。我国情报学关注领域和研究重点开始从文献转向技术，从理论转向应用。1978 年中国科学技术情报学会成立，1982 年《情报学报》创刊。1978 年后，武汉大学、北京大学、吉林工业大学等数十所高等院校开设了情报学方面的专业，并编出了《情报学》《情报学概论》与《科技情报工作概论》等一批高学术水平的教材或专著，培养了一批本科生与研究生。不少科技情报所与大专院校已设立情报学专门研究机构，它们在情报政策、情报需求、情报产业、情报教育等课题研究中获得了显著成果。与此同时，国内还与国外开展了活跃的学术交流与合作，吸取先进经验，推动国内情报学研究和科技情报事业的发展。

20 世纪 90 年代是我国情报学发展的转折期。信息技术、信息社会的兴起和发展，为情报学的发展带来了契机。学科研究的范围不断扩大和延伸，由传统的“情报”扩展到“信息”，并与其他学科相交叉，产生了许多新兴的研究领域。也就在这一阶段，出现了对于情报学学科的大讨论，包括学科的名称、属性、性质、定位，以及与其他相关学科（如信息科学、信息管理）的关系等等。这一方面是由于外部环境变化的影响，另一方面是学科自身发展的规律所致。

进入 21 世纪，网络技术和知识经济引起信息环境的巨大变革，处于数字化、多媒体集成、互联网等信息技术与信息资源相结合的“风口浪尖”上，情报学向着数字化、虚拟化、网络化的方向转变，情报学研究在广度和深度方面也有更大的发展。新世纪，情报学研究的定量化、情报学认知观、知识组织和管理、经济情报学、竞争情报、内容开发等领域也出现了许多有影响的文献。

图书馆学和情报学虽然各有自己的研究领域、研究对象和研究方法，但两者的共同点和交叉点仍然不少。改革开放以来，我国图书情报事业的最大进步莫过于“图情一体化”，它是图书情报现代化的标志和必由之路，对图书情报事业乃至整个信息系统的现代化发展具有多方面的促进作用。20世纪90年代以来，网络技术和信息通信技术在传统图书馆学和情报学中的应用日益广泛，促使传统图书馆学逐步向当代情报学靠拢，并在此基础上加速了两个学科的融合，我国图书情报事业的发展也出现了一种新倾向：由“图情一体化”走向了“信息功能唯一论”。

纵观我国图书馆学、情报学的发展历史，虽然西方图书馆学情报学对我国图书情报学科的产生和发展产生了根本性的影响，但图书馆学情报学在我国的产生和发展并不是纯粹意义上的西学东渐或中西方文化碰撞、结合的结果，而是凝结了许多我国研究者的辛勤劳动和不懈努力。众多学者对我国图书馆学情报学的发展史从不同的角度进行了回顾和反思。

吴仲强等撰写的《中国图书馆学史》，通过对我国图书馆学发展过程的回顾与总结，分析在历史上影响图书馆学发展的主观、客观因素，认识图书馆学在我国社会发展中的地位与作用，评价各个时期我国图书馆学的主要代表人物，使我国图书馆学建立在更加科学的基础上。

1989年为庆祝中华人民共和国成立40周年暨中国图书馆学会成立10周年，中国图书馆学会编辑、出版《中国图书馆学情报学论文选丛》（1949～1989年），共10集。这部丛书从图书馆学情报学基本理论、目录学文献学、图书情报事业的组织与管理、文献资源建设与布局、文献编目、情报检索语言、情报检索、读者学与读者服务工作、图书情报建筑设备与现代化技术、图书情报事业发展战略等10个方面总结40年来我国图书馆学情报学所取得的主要成绩。霍国庆、王子舟、刘亦平、戴煌滨等对我国图书馆学历史积极撰文，龚怡首、王素琴、王友富、刘延章等对图书馆学某一分支学科的发展史也进行了研究。

黄宗忠编写的《图书馆学导论》、宓浩主编的《图书馆学原理》、倪波编的《理论图书馆学教程》等书中都用一定的篇幅论述了有关图书馆学史的问题。

进入20世纪90年代以后，图书情报发展史受到学界进一步关注，业内学者已经意识到图书情报学史的研究是被忽略的重要研究领域，并开始重视其研究。2000年发布的《图书馆、情报与文献学学科“十五”与研究规划及课题指南》把图书馆学史提到重点研究领域的位置。该文件指出图书情报学史的研究可以揭示本学科的发展历史、特点、现状、水平、经验、教育以及未来趋势等，极具认识价值。这一时期，关于我国图书情报发展史比较突出的文献：① 教育部社会科学委员会组织吴慰慈、张久珍、王余光等知名学者完成的《中国高校哲学社会科学发展报告（1978 ~ 2008 年）——图书馆学、情报学与文献学》全面、系统、简洁地勾勒了改革开放 30 年来图书馆学、情报学与文献学研究发展的总体进程和基本脉络，以学术发展为主线，对本学科框架内学术发展的重要事件、标志性成果及理论、技术、方法创新等内容进行了回顾与总结。② 武汉大学邀请国内外知名学者担任学术顾问，由信息管理学院编写的《数字时代图书馆学情报学研究论丛》，共 20 卷，涉及图书馆、情报与档案管理的基本理论研究、信息组织与检索、信息资源管理、信息资源建设与信息服务、文献编纂与出版、数字图书馆与信息系统工程等研究方向。其中陈传夫主编的《图书馆学研究进展》、李纲主编的《情报学研究进展》对近年来图书馆学情报学的新成果、新进展、新动向及发展趋势进行了系统、全面的综述和述评。③ 戴维民主编的《20 世纪图书馆学情报学》、张树华和张久珍等编著的《20 世纪以来中国的图书馆事业》、肖希明主编的《图书馆学研究进展》、周文骏编写的《中国图书馆学研究史稿》、杨沛超编写的《中国图书情报事业发展研究》、符福垣编写的《当代情报学》都从多角度、多方面对我国图书情报学的历史发展进行总结概括，可作为了解图书馆学情报学发展史的参考书。④ 黄宗忠、程焕文、范并思、吴慰慈、王子舟、霍国庆、王知津等在学术期刊论文中对我国图书情报学的历史发展进行综述和评论。

特别值得一提的是范并思等编著的《20 世纪西方与中国的图书馆学——基于德尔菲法测评的理论史纲》。该书采用信息分析的方法，从图书馆学基础类专著、教科书、综合类图书馆学工具书、核心期刊中的学术论文、国内外书评及综述性文献采集基础数据，通过资料调研与理论分析，尽量完整地反映 20 世纪我国图书馆学的概貌，将我国图书馆学的发展划分为擅变与萌芽，“新图书馆运动”，战乱、重建与动乱，新时期的理论变革，理论现代化五个时期，研究以各个时期的重要文献、人物和事件为主要线索的 20 世纪图书馆学学术史，以及这些文献、人物与学术流派在 20 世纪图书馆学思想史中的贡献与地位。该书为本书研究提供了重要参考。

二、国外图书情报学的发展

国际上图书馆与情报学的发展表现出明显的特征：研究范围由传统的图书馆领域扩大到信息领域，研究视野由实体图书情报机构扩大到虚拟空间，研究对象由图书文献转向了信息内容。一系列相关学科如图书馆学、情报学、档案学、出版科学、信息管理与系统汇集于信息科学（Information Science）下，从而使图书馆学情报学研究发生了根本变化。特别是在美国等西方国家，图书馆学情报学研究不像国内这样抽象，他们的研究更注重实践和应用研究，比较强调用实证分析来解决具体的信息科学实际问题。他们通常通过综述与评论方法、案例与比较方法、模型方法与经典定律、定性方法与定量方法、内容分析法、指标分析方法等方式来解读图书情报学科的发展史。美国信息科学技术学会会刊（JASIST）的专题（Special Topic Issues）《文献和信息科学的历史》《杂志、学会和未来的出版：信息科学的范式、模型和方法》《仍有待于开发研究的边缘学科领域——处在千年之交的信息科学》等，集中探讨了信息科学的相关理论。《图书馆趋势》在2002年还专门围绕“信息科学的当前理论”这一主题组织刊发了13篇论文，从理论构建的跨学科框架、信息遗传学理论到利用模糊集理论来解决信息科学中的问题。贝茨（M. J. Bates）在JASIST创刊50周年之际，通过聚集、整理、归类和罗列曾在JASIST上发表过的对信息科学史有着深远意义的数百篇重要论文，以此作为一个典型窗口反映出整个信息科学的发展历程及其现状。此外，有些学者在资料收集中也检索到一些相关图书，如图书馆学家克洛福特与高曼合著的专著《未来的图书馆：梦想、疯狂与现实》、哈里斯和翰奈编写的《走向未来：后工业化时代的图书馆情报服务的基础》等，都反映出国际学者对图书馆学情报学发展的反思和探索。

国内也有众多文献对国外图书情报发展史进行介绍。如范并思等编著的《20世纪西方与中国的图书馆学——基于德尔菲法测评的理论史纲》，第1～5章以年代为线索，以德尔菲法测评出的重要文献、人物与事件为中心，对20世纪西方图书馆学进行了纲要式的介绍与点评。孟广均等编写的《国外图书馆学情报学最新理论与实践研究》对近年一些发达国家在图书情报事业发展和图书情报建设方面取得的主要成就，分基础理论、新技术、组织管理和教育四个部分做了较为全面系统的论述，对于我国图书情报事业发展和学科建设有重要的参考借鉴意义。杨威理著的《西方图书馆史》从古代两河流域文书开始一直到图书馆现代化，介绍了各个历史时期不同类型西方图书馆的产生、特点和发展，服务对象的扩展和服务方式的改变，图书馆网络的建立与文献资源的共享，图书馆学教育的兴起与图书馆学研究的开展，文献工作的标准化等图书馆事业史的重要方面。此外，刘兹恒、赖茂生、彭斐章、沙勇忠等人对国内外图书情报领域进行对比研究、分析总结。众多学者在数字图书馆、信息服务、开放存取、信息检索、文献计量学等图书情报学科某一分支进行国内外进展的对比研究。

综上所述，国内对国外图书情报发展史的研究更侧重于介绍国外先进图书情报理念、技术，并探讨其对我国图书情报事业的借鉴价值。

虽然图书情报学界对“史”的研究比较活跃，但大多数偏重于“中国图书史”和“中国图书馆事业史”。多数文献建立在文献调研基础上大量的归纳总结和科学事实，经验性知识居多，缺乏定量研究。本书以我国图书情报学核心期刊刊载的学术期刊论文为样本，采用多种信息分析方法对样本数据的形式与内容特征进行实证分析，从文献计量学的角度探析学科热点的发展演变。

第四节　国内外图书情报学科知识图谱研究现状

我国的图书情报学科知识图谱也是在国外研究的基础上发展起来的。下面通过国内外对比，阐述国内外图书情报学科知识图谱的研究现状。

一、我国图书情报学科知识图谱研究现状

随着人类社会信息化的不断发展，图书情报学与信息技术结合越来越紧密，情报工作尤其需要网络信息技术的支持，于是很多学者开始研究信息时代下图书情报学的发展。目前国内有部分学者在研究图书情报学发展领域取得了不少成果。

国内学者利用知识图谱进行学科结构、热点、演化与趋势等方面的研究，主要使用引文分析可视化。20 世纪 80 年代，赵红洲使用简单的数据图表探索了科学发展规律与科学知识前沿。20 世纪 90 年代，王崇德和崔雷等人采用共被引分析、共词分析等方法，对知识可视化聚类进行了有益探索。2011 年邱均平引入 CiteSpace 可视化软件，结合文献计量方法，从作者、关键词、突变专业术语三个对象分析图书情报学的研究热点和研究前沿，研究结果得到该学科由以前定性化研究转变为定量化研究。

CNKI 检索发现，与该研究相关的硕士论文有三篇：王红基于 1998 ～ 2007 年图书情报学的论文成果，采用共词分析和作者共引分析法，分别对我国图书情报学的研究热点进行分析和阐述；2012 年，杨爱青基于 2000 ～ 2009 年文献数据，利用共词分析法分析图书情报学的研究主题，再通过社会网络分析法分析整个学科的网络属性，得出学科的研究范式；何南洋基于知识图谱的理论，构建图书情

报学知识图谱，主要采用的方法包括多元统计分析，进而以直观的方式对图书情报学的研究动态、研究热点和研究前沿进行可视化分析。

目前，也存在部分基于知识图谱理论来分析学科的研究。2012年，湖南大学何超博士利用知识图谱分析管理科学学科的演进，他主要选择近十年重要期刊的文献数据，从四个层面进行研究，分别是学科给养、学科结构、学科渗透、学者合作，最后得到不同分析对象的知识图谱，通过共词分析法揭示该学科的内容结构、主体结构以及学术群体的关系，挖掘出整个学科的动态发展演化模式。2013年，廉同辉等学者应用知识图谱理论分析旅游学科，选取收录的CSSCI文献作为数据，绘制旅游学科的关键词、研究作者、研究机构、被引作者、被引文献和期刊的知识图谱，最后得到旅游学科的研究热点、核心代表人物等。孙晓宁于2014年综合分析科学知识图谱在学科可视化研究的应用，提出知识图谱方便人们从图形的视角来揭示学科的结构和学科分布特征，同时也提出学科体系结构研究主要包括学科研究主体、学科知识基础、学科研究进展的可视化。

笔者于2017年6月8日使用知网进行主题检索，共检索到672篇知识图谱相关论文，其中优秀硕士论文47篇、博士论文28篇，最早的一篇论文是2005年陈悦、刘则渊发表的《悄然兴起的科学知识图谱》。2005～2008年，国内知识图谱研究处于起步阶段，整体发文量不多，从2009年开始，各年发文量大幅增加并于2012年达到顶峰。以刘则渊、汤建民、赵蓉英、宗乾进、邱均平等为代表，国内学者在知识图谱理论与方法、科学计量、可视化技术、科研合作与评价等诸多方面取得了丰硕成果，学科范围包括科学学、图书情报学、计算机科学、教育学、经济学、管理学、新闻学、生物学、医学等。

21世纪以来，一些学者对此研究领域进行了更加细致的分析，包括以下三个方面：一是对知识可视化的理论与方法分析。其中邓三鸿较系统地分析了知识地图的构建方法、使用方法及其评价方法，赵蓉英对知识网络研究理论、方法及构建知识网络理论与应用体系进行了深入研究。二是知识可视化软件的介绍与开发。朱学芳等人从作者关系和共被引关系入手，设计了我国首个中文作者共引可视化系统。三是学科知识可视化的实证分析。其中情报学科的研究有马费成等通过作者共被引分析研究了我国情报学的学科结构和研究状况；邱均平等从作者共被引关系入手，通过聚类分析和多维尺度分析对我国图书情报界学者进行了细致研究，并通过Pajek生成可视化研究图谱；马瑞敏等通过作者共被引分析研究了我国图书情报学知识结构及演变；赵蓉英对国际情报学核心期刊与研究热点进行了可视化分析；邱均平采用可视化知识图谱方法并结合传统文献计量方法对国际图书情报学领域的研究热点和前沿进行了辨识和追踪；宗乾进等通过构建 2001 ～ 2010 年我国情报学研究主题演变、知识来源谱系、机构合作网络的可视化知识图谱，对近十年我国情报学研究热点、研究前沿领域、知识基础、研究机构间合作情况进行了归纳和分析；宗乾进等利用信息计量工具 VOSviewer 对 CNKI 收录的 9 种典型情报学 CSSCI 来源期刊文献进行了分析，以可视化知识图谱的方式展示了 2010 年我国情报学研究热点及其交叉联系。近年来，知识图谱研究受到其他学科学者的关注，其中大连理工大学刘则渊教授的研究团队引人注目，他们进行了知识图谱的基础理论研究，以及对管理学、科学学、科学计量学、引文分析等领域知识图谱的研究。较多学者使用 CiteSpace 软件绘制学科知识图谱，其中与情报学相关领域有国际竞争情报、信息资源管理、引文分析、文献计量学等。

通过对国内外研究文献的梳理，发现国内外学者已经将知识图谱的方法应用于对大部分学科结构以及学科体系的研究，尤其是图书情报学。若要更深入分析具体的研究过程，可以发现目前针对这方面主要的研究方法是文献计量学中的共词分析、共引分析、社会网络分析、多元统计分析，然后通过信息可视化技术将分析结果生成各类图形，直观地表现出来。在研究的过程中主要选择论文成果作为数据源，从关键词、作者、机构等研究对象着手分析，建立图谱，最终得到整个学科的发展趋势。根据前人的研究，取优逐劣，从四方面分析图书情报学的演化进程：一是通过学科目前的国家基金资助情况分析学科的地位，二是通过绘制学科作者分布和作者合作图谱来分析学科的权威代表人物以及学术群体，三是分析学科的科研机构，得到图书情报学研机构的分布情况，四是利用共词分析法分析学科的高频关键词，得到学科研究主题的演化。

二、国外图书情报学科知识图谱研究现状

在过去的几十年中，众多国内外学者致力于讨论如何定义图书情报学更合适，Hoshovsky 和 Massey 在 1968 年提出“产出导向型的社会”（Output-Oriented Societay 的概念。Harmon 在 1971 年基于前人对档案学和信息检索的相关研究，提出图书情报学是一门涵盖信息变化、行为科学、信息分类和语言学的综合边缘学科，且在当时计算机并不流行的时代，认为图书情报学与信息沟通和信息行为之间有着密切的联系。

对于图书情报学发展的研究，国外有很长的历史。1999 年，Ding 等学者通

过作者共引方法分析信息检索主题的发展变化，以 1987 ～ 1997 年的文献作为来源数据，得出 39 位高被引作者，然后根据研究主题的亲疏关系对这些高被引作者进行聚类分析。2008 年，Chua 等学者通过比较两个时间段（1988 ～ 1997 年、1998 ～ 2007 年）发表在美国图书情报类权威期刊上的论文作者和关键词，发现作者合作之间强强联合的特性越来越突现，而高频关键词在很大程度上从核心的情报学转移到其他子学科，如信息技术、社会行为学。因此，20 世纪 90 年代，国外学者就开始采用文献计量学分析学科的研究热点和学科发展，且研究角度和研究内容都较全面。不过研究领域历史久远并不代表该研究已经开始不被学者关注。近几年，国外依然有很多学者关注图书情报学的研究，同时也引入新的研究理论——知识图谱。2008 年，W. H. Lee 利用社会网络分析法分析信息安全研究领域的关键词共现网络以及该研究领域的研究热点，并结合中心性指标预测信息安全的研究前沿。2009 年，Chung Young-Mee 根据高校论文产出成果研究学科的分类和学科的知识结构，应用的主要方法有多维尺度分析以及社会网络分析。2014 年，Pinto、Maria 等学者利用 VOSviewer 绘制信息素养在健康科学和社会科学领域的映射关系，结果表明健康科学领域，教育是中心度最高的，它与信息检索联系最紧密，与信息查询、信息科学、信息技术关系最弱，在社会科学领域，信息素养的权重和出现频次最大，其次是教育，这表明信息素养是更偏向于社会科学的研究领域，且还有很大的发展空间。2016 年，Ronda-Pupo 利用共词分析法和社会网络分析拉丁美洲管理学科的动态演化发展分析，通过战略分析图表示每个研究主题的发展阶段，结果表明战略管理和创新科技管理是管理发展的中坚力量，同时根据研究结果提出发展经济和社会的研究路线。上述国外文献分析表明国外利用文献计量学方法分析图书情报学发展动态已有较长的历史，其中最主要的研究方法包括共词分析、作者共现分析、社会网络分析、聚类分析等。

有关资料显示，2017 年 6 月 8 日使用 Web of Science 进行主题检索，共检索到 877 篇知识图谱相关论文。国外知识图谱研究始于 20 世纪 70 年代，新世纪以来发展迅速。以 Price、Garfield、White、McCain、Small、Boyack、Leydesdorff、Borner 等为代表的国外学者在知识图谱理论与方法、科学计量、可视化技术、科研合作与创新等诸多方面取得了丰硕的研究成果，学科涉及信息科学和图书馆学、计算机科学、地理学、管理学、传播学、医学信息学、教育学等。

在国外，Price、Garfield、Small 等是早期的开拓者。近年来，随着 SCI 引文索引的推广、网络技术的普及应用，以及图像处理、信息技术的深入发展，知识图谱研究得到了快速发展。目前研究集中在知识图谱实现的理论探讨、具体学科的应用研究、方法和算法研究、工具和软件引进与研发。由于对情报学前沿和趋势的把握是情报学的重要研究内容，从学科知识可视化研究的早期开始，就有业界学者对本学科知识图谱的分析。主要包括五方面：一是基于共被引的分析，1981年以后，White 和 Griffith 等人通过作者共被引分析，多次描绘情报学的学科结构；Klavans 和 Boyack 通过文献共被引，分析比较了情报学的全域与局部知识图谱。二是基于文献耦合的研究，Zhao 和 Strotmann 使用文献耦合分析了近期图书情报学的知识结构。三是基于共词的研究，Peter 尝试通过文献共词分析情报学的主流研究领域。四是基于作者合作的研究，Yan 等从宏观和微观两方面探索了图书情报学合作网络的合作模式与网络结构。五是基于多种方法的结合，Lariviere 对图书情报学科 100 年的历史进行了三方面可视化分析，其一是期刊、作者、参考文献、引文的变化情况，其二是术语与主题变化情况，其三是跨学科性。

综上所述，国外图书情报知识图谱研究起步较早、发展较成熟，国内学者借鉴国外研究成果，在某些方面取得了一定进展，但是针对情报学科知识图谱的研究还处在起步阶段，缺乏整体上的系统研究。表现为① 国内基本上是借鉴和模仿国外的研究套路，分析方法和手段较为滞后，整体创新能力不足。② 对学科现状及趋势的分析本应是情报学的核心竞争力，但在国内，新的知识图谱研究却逐渐被其他学科占领。情报学不能落伍，学科发展不能滞后，相关研究急需加强。

第二章　知识图谱理论概述

知识图谱是显示科学知识的发展进程与结构关系的图形，它可视化地描述人类随时间拥有的知识资源，同时绘制、挖掘、分析和显示知识以及知识之间的相互联系，把复杂的科学学科知识领域通过数据挖掘、信息处理、知识计量和图形绘制而显示出来，使人们得以了解某个学科或领域在科学知识版图上的位置，帮助研究者更透彻地了解该领域，并为今后的学术发展提供参考。本章主要研究知识图谱的内涵、对象、特征、应用以及绘制方法。通过这些研究，使人们进一步了解图书情报学知识图谱的实证研究。

第一节　知识图谱基础知识

一、知识图谱的含义

近年来，随着计算机技术、可视化技术的迅猛发展及其在科学领域的广泛应用，人们获取知识和处理知识的能力大大加强，一种以可视化的图像直观展现的新兴交叉学科——知识图谱悄然兴起，这是科学计量学、文献计量学的新发展。

知识图谱（Mapping Knowledge Domain），也称为科学知识图谱、知识域可视化或知识域映射地图，是显示科学知识的发展进程与结构关系的一系列图形。它勾勒知识与知识之间的相互联系，把复杂的科学知识通过图形的形式呈现出来，从而使人们以更直观的形式了解知识，了解该学科及领域的知识研究现状，为今后的知识研究、学术探讨提供科学依据。

知识图谱是显示科学知识的发展进程与结构关系的图形，它以科学知识为计量研究对象，属于科学计量学范畴。它是基于内容分析、引文网络分析和信息可视化的一种可视化显示知识及其相互关系的图形，已经成为当前科学计量学中比较热门的研究方法。知识图谱在图书情报学领域也称为知识域可视化或知识领域映射地图，是体现现实知识发展进程与结构关系的一系列各种不同的图形，用可视化技术描述知识资源及其载体，挖掘、分析、构建、绘制和显示知识及它们之间的相互联系。具体来说，知识图谱是把应用数学、图形学、信息可视化技术、信息科学等学科的理论与方法与计量学引文分析、共现分析等方法结合，用可视化的图谱形象地展示学科的核心结构、发展历史、前沿领域以及整体知识构架的多学科融合的一种研究方法。它把复杂的知识领域通过数据挖掘、信息处理、知识计量和图形绘制而显示出来，揭示知识领域的动态发展规律，为学科研究提供切实的、有价值的参考。

然而，科学计量学家仅将知识图谱视为一种可视化的技术手段，在理论研究方面没有深入探索。科学知识图谱同绘图学和地图学有一定关系，但知识图谱的概念与知识地图的概念并不完全相同。刘泽渊教授认为，“地图”是一个以二维或三维空间形式显示地形和人类活动及相关特征的地理学概念，知识地图最初是表现科学技术活动与知识的地理分布状况的地图；而“图谱”是图像以一定空间形式在一定时间范围中展现与变化的系统概念，虽然可以把知识地图作为知识图谱的一种形式，但知识图谱比知识地图更能揭示知识之间的联系及知识的进化规律。

知识图谱最早来源于知识地图，知识地图在狭义上就是表达科学技术知识或一般知识资源地理分布状况的地图，起源于美国捷运公司的一张展示知识资源地理分布的美国地图。带有索引号或用其他方式表示层次关系的表格和文件，以及用来表示信息资源与各部门或人员之间关系的信息资源管理表和信息资源地理分布图，都是知识地图的早期形式。随着信息技术的迅速发展，知识地图进入了电子时代，在互联网上普遍使用的超文本链接和应用链接就是知识地图的简单形式。很多绘制知识地图的工具应运而生，如 Lotus Notes、IBM 的 Knowledge X 和微软的 Visio 等，它们都是基于数据库来绘制知识地图，有利于知识地图的动态更新和扩展，突破了局限于描述知识地理分布的知识地图界限，并逐渐演化为含义与内容更加广泛的知识图谱了。

科学知识图谱属于科学计量学研究的范畴，基于引文分析的科学知识图谱可用于以下几方面：第一，分析学科进展及发展趋势；第二，分析学科核心作者群；第三，分析学科核心期刊群体的结构；第四，分析时空分布特征，主要热点领域，研究前沿、动态和发展趋势；第五，分析论文产出的主要领域、国家、机构、科学家和期刊。此外，科学知识图谱还可作为制定科学决策的依据，确定研究的热点、方法、学科分布和应用领域，揭示相关文献所代表的特定领域内的研究主题、主题的层级及其关系，以及由研究主题所映射的具体研究方向之间的关系，揭示研究主题接近所属领域热点问题的程度，考察特定领域内科学研究主题的变迁，预测特定领域的知识发展趋势等方面。

我国近年才引入知识图谱的概念，研究时间不是很长。知识图谱有不同的图谱类型，其中典型的分类方法由刘则渊提出，他将其分为6类：传统科学计量图谱、多维尺度图谱、三维构型图谱、寻径网络图谱、社会网络分析图谱、自组织映射图谱。生成不同图谱需要不同的分析方法，因而知识图谱涵盖的研究方法包括文献计量分析法、引文分析法、词频分析法、共词分析法、多元统计分析、社会网络分析法等。

知识图谱在我国仍属研究的起步阶段，但它的应用很广，应用在教育、社会等各个研究领域。调研发现，将知识图谱真正与图书馆的业务工作具体结合在一起的文章数量并不多。本书将以知识图谱在图书情报中的应用为研究视角，系统分析知识图谱的应用问题，期望能够对图书馆各项业务工作的发展与提高有所促进。通过多年的发展，基于科学计量学的学科研究是对许多对象进行数量化分析，如文献来源作者、文献来源机构、文献被引用情况等。应用知识图谱恰好能更好地将研究对象的数据通过二维或三维图形的形式全面展示出来，从而反映一个学科的发展现状以及研究主题，帮助人们深入了解一个学科的体系结构、学科研究的热点以及学科未来的研究前沿等信息，为整个学科体系建设提供可靠的参考。

二、知识图谱的特征

知识图谱所描绘的对象囊括了科学计量学中所有的研究对象和分析单元，目前研究中常见的对象有以下几种。

（1）从事科学技术活动和作为知识载体的人，如科学家、技术专家、项目组、实践团体或某一知识领域共同体。

（2）显性或编码化的知识，如论文、专利、所学课程、数据库或类似的应用等。

（3）过程或方法，包括研究问题和解决问题的过程或方法、组织的业务流程以及相关的知识投入等。

进入21世纪，知识图谱的理论与方法，以其理论上的综合化、方法上的可视化、描绘上的形象化等诸多特征，获得迅猛的发展，一跃成为当代科学计量学的研究热点与最新前沿，研究极为活跃。然而知识图谱与其他可视化图形之间的差别，可以从知识图谱的由来及内涵中发掘出来。典型的知识图谱具有以下特征。

1. 动态性

这是有别于一般图谱的本质特征，知识图谱通过节点之间的关系，以静态的图谱形式揭示了隐含在基础知识中的动态结构信息。

2. 空间性

知识图谱的表现形式可以是线性的二维图形也可以是立体的三维图形，而两者都通过图示的展示方法揭示了知识的空间结构。

3. 知识依赖性

知识图谱有别于一般的图像，它是二次以上的加工产品，它的绘制需要建立在知识基础之上。这个基础必须是一次加工后的统计数据或文本知识信息，不是一般的数据或者人为编制的虚拟知识基础。

4. 关联性

不论是二维或三维的知识图谱，都揭示了图谱中点与点之间的相互关联性。点与点的距离可以表示关系的亲疏，线条粗细可以表述关系强度的大小，图谱的局部与整体之间的关系则可呈现出知识单元发展变化的过程。

三、知识图谱的作用

知识图谱的主要功能可以概括为以下几点。

1. 追踪科学知识领域演进与发展规律

利用信息可视化技术，将传统的文献之间的引用关系通过图、图谱的形式形象地展示出来，同时结合分时、动态、多视角的分析进行演进分析。2008 年，大连理工大学侯剑华博士利用知识图谱中 CiteSpace 工具对工商管理学科研究主干领域的演进进行可视化分析；2013 年，刘臣等人利用 1980 ～ 2010 年论文文献间的引用关系数据，分析我国学科知识网络的演化进程。因此，通过知识图谱对科学知识领域的文献或者作者进行共被引分析，可以探测该知识领域的发展演进过程，从而更好把握科学知识发展的客观规律。

2. 探究科学和技术研究热点与研究前沿

文献的主题词或关键词是研究内容和研究主题的集中体现，基于关键词或主题词的共现网络可视化分析为探究科学知识研究热点或研究前沿提供重要的依据。2010 年，上海交通大学的李武以 CNKI 作为数据来源，对开放存取相关的文献数据关键词进行一定程度的人工干预，再结合共词分析法研究国内开放存取领域的研究热点，最后得到七个研究热点。2013 年邱均平基于 2008 ～ 2012 年 SCI 与 SSCI 收录的图书情报学 17 种权威外文期刊论文数据，利用 CiteSpace 进行知识图谱可视化分析，得到图书情报学研究热点与研究前沿。因此，探索科学和技术发展的研究热点和研究前沿是当前知识图谱的重要功能。

3. 考察科学技术领域代表人物与合作网络

科学技术领域的代表人物和合作网络主要建立在共现分析和作者共被引的基础上，而知识图谱不仅可以将分析的结果通过可视化的方法直观展现代表人物，也能够通过作者共被引网络的聚类分析和部分知识图谱的自动文本识别功能将学科领域的研究学术团体展示出来。2011 年，邱均平利用社会网络分析方法研究我国计量学领域作者合作关系，最终得出计量学作者总体合作程度高，但核心作者间合作有待加强。所以，基于作者的分析，可以展现学科研究的代表人物以及学科内部的作者合作关系，也可以挖掘作者合作的地域分布和合作动因等更深层的问题。

4. 构建科学发现理论研究新框架

学者主要基于结构理论，利用知识图谱工具对科学进行网络分析，通过网络中的节点指标，找到最易产生科学发现的网络节点，结合文献分析，构建科学知识发现理论框架。

5. 为科学技术发展决策提供参考

知识图谱是当前信息科学和科学计量学领域研究的重要手段，通过对科学和技术的演进规律、科学技术领域的研究前沿和研究热点、科学技术领域代表人物与合作网络等的可视化分析，为后续的科学技术管理、科学技术发展规划、科学技术政策的制定提供重要的参考。

四、知识图谱的应用

知识图谱的应用表现在以下几个方面。

（一）技术跟踪和创新

通过可视化技术将共引关系、共现关系、网络关系等各种关联规则转化成可视化形式，获得技术领域的发展图谱，以识别重要技术、挖掘重点研究领域、观测技术转移，对比国家间、机构间的研发实力和创新能力、技术优势和劣势。由于专利数据具有易得、完整、准确、时间序列长的特点，故常用专利数据测度一定时期内的技术创新状况，通过专利共引、共现分析，将与专利相关的大量数据转化成某一领域的技术创新可视化图谱，较好地识别和把握当今技术前沿潜在的技术创新机会。Huang 提出了一个专利分析框架，采用多种分析和可视化技术分析了 1976 ～ 2002 年美国专利与商标局的纳米技术专利，用基本分析、内容图谱分析和引文分析等可视化描述了单独的国家、机构以及技术领域的发展情况。Daning Hu 等研究了一个名叫 Nano Mapper 的知识图谱系统，这个系统能够半自动化地实现有效研究，可以对出版物、内容以及相互之间的关系进行可视化表示，大大推进了知识图谱的应用。

（二）与信息检索相结合

在信息检索系统中整合可视化分析功能是一个新的趋势。如美国德雷塞尔大学的 White 带领研究小组开展了实时环境下 ACA 知识图谱绘图及主题检索研究，利用 Dialog 和 SCI 的数据，开发出了 Author Link 检索系统，成为用实时共引映射图谱实现检索重要数据库的开创者。该系统除了具有几个系统的特征外，还能映射作者、关键词及期刊间的关系，并提供许多检索功能。

1. 知识图谱在文献检索中的应用

文献检索过程中，文献的查全率、查准率是至关重要的。文献检索如果出现重大失误，或遗漏密切相关文献，或故意忽略密切相关文献，都可能导致最后对研究的判断，会对科研人员产生误导。为了解本学科的发展整体情况，传统的检索方法需要研究人员查阅该领域的所有文献，费时、费力，并且检索人员主观的检索思维也会影响到检索的最终结果。而知识图谱是通过信息可视化的方式将科学知识之间的关系勾勒出来，使知识资源透明化，用户不仅能根据自己熟悉的某一知识点进行检索，迅速地查询到所需的知识资源，还能借助链接和寻址技术，查询所需要领域内相关联的知识，这不但节省用户的时间和精力，更加强了图书馆知识资源的利用、共享与创新。

2. 知识图谱在文献采购中的应用

文献采购是图书馆的基础业务工作，如何采集到好的文献，是图书馆文献资源建设的重中之重，一方面文献采购人员要考虑如何将有限的文献购置经费利用到极致，另一方面，学校的专业领域、重点学科等因素都是文献采购人员需要考虑的问题，也是图书馆的采购方向。传统采购往往都是根据历史资源采集数据、读者借阅情况分析，为下一年度文献的采购提供依据，视野窄，局限性大，但如果将知识图谱理论方法应用到文献采购领域，将会解决这一问题。以年度出版图书的书目、图书馆现有图书数据分布作为基本数据源，利用知识图谱理论方法，不但能够了解这一年度全国各学科图书出版的情况，也可以从图中清晰地看到本馆哪些图书资源匮乏，哪些图书资源处于饱和状态，这就为图书馆资源建设指明了方向，这样图书馆才能更好地发挥文献保障作用。

（三）科研领域分析

知识图谱最早是在科研领域活跃起来的，使用学术文献和专利来绘制知识图谱，主要分析一个领域内的结构、动态变化、社会网络和发展情况，大部分关注的都是单一学科。近年来，出现了基于大规模期刊研究的知识图谱，如 Leydesdo 根据 2001 年 JCR 的数据绘制了 SCIE 中 5 748 种期刊和 SSCI 中 1 652 种期刊的知识图谱。大连理工大学刘则渊教授带领的团队进行了科学计量学、管理学人机工程学学科以及国内所有工程领域研究前沿的知识图谱构建。武汉大学的马费成、刘青林，社科院的蒋颖等也对国内外知识管理、数字资源管理、战略管理、文献计量学等领域进行了共词图谱的绘制，南京大学的邓三鸿、浙江大学的潘有能等初步建立了图书情报学科的学科知识地图。

学科服务工作是图书馆业务工作的重要组成部分，提高学科服务质量、提高用户满意度、为教学科研提供最强有力的服务保障是图书馆开展学科服务的最终目的。而对于用户来说，随着教学科研压力的加大，用户对于个性化、专业化、深层次学科知识的需求也逐渐增加，因此获取高质量、专业性强的学科服务对于用户来讲，尤为重要。如何满足用户需求，如何提供高质量的学科服务是图书馆界急需解决的问题。知识图谱的兴起与发展为图书馆学科服务的大发展提供了契机。学科馆员利用现代化的技术手段，将某一研究领域中相关的数据转化成可视化的知识图谱，挖掘出该领域发展的关键信息节点文献和重要文献，探测出学科前沿、热点及其演进的关键路径，这样就可以使研究人员更好地融入主流研究领域，较好地识别和把握当今技术前沿潜在的技术创新机会。

（四）智力结构分析

通过分析作者共引关系，可以反映出科学文献作者之间的智力关系、连接和结构。作者共引分析是引文分析中一种比较常见的分析方法，通过研究其他作者同时引用某作者文献的频率，将两个作者联系在一起。James E. Andrews 通过作者共引分析，研究了医学信息学领域核心作者之间的关系，该研究为其他专家和学者的进一步研究打下了基础。国内的研究也很多，如侯海燕通过对《科学计量学》期刊的分析，研究了科学计量学学术共同体中最有影响的科学计量学家，绘制出了中国科学计量学科学合作网络知识图谱，还分析了科学计量学家的突出贡献、所代表的分支学科领域、相互关系以及最为关注的研究课题等。

（五）教育领域研究

知识图谱在教学领域的应用也逐步广泛。R. H. Hai 研究了知识图谱在教学中的作用，通过实验证明知识图谱有助于提高学生的学习效率。J. Bidarra 等将知识图谱用于网络环境下的教学中。Herl 等将知识图谱应用于教学中，让学生绘制自己的知识图谱，以了解其对内容的理解程度和解决问题的能力。

1. 知识图谱在教学创新上的应用

教学最终的目的是让学生吸收、接受、理解知识并能够应用到实践中去。教学需要创新，不能因循守旧，一成不变，因而这需要教师在备课中不断完善自身的知识储备，提高个人创新能力。传统意义上，多读书、多翻资料，能够起到这样的效果。但在信息技术飞速发展的今天，传统的做法会浪费很多时间，而通过学科馆员在教学中的嵌入服务，利用知识图谱构建本课程的可视化图形，能够使教师清晰地了解该课程的研究前沿、研究动态及未来发展方向，这对于课程的讲授将具有重大的意义，将之嵌入到教学的重点难点、实践活动、作业等教学环节中，在对学生进行信息素养教育的同时，又能够有针对性地制定学习指导方案，辅导学生完成课业。例如，美国宾夕法尼亚州州立大学的图书馆员 Hall 与教师合作，开展信息素养教育，每学期进行两次实践课，并参加全部课程会议，这些嵌入学生信息素养学习过程的服务，能促进学生学习积极性的提高和学习效率的提升。

2. 知识图谱在学生学位论文写作上的应用

知识图谱也可以用于学生学位论文的写作中。研究综述的撰写是写好一篇学位论文的基础，只有认真研究前人的研究成果，才能够确立自己的研究视角，保证论文具有可操作性与创新性。当学位论文研究方向基本确定后，学生可委托图书馆做前期研究动态分析。图书馆利用知识图谱的相关软件，以图书馆期刊数据库、互联网、引文数据库等作为知识源，分析该方向的研究前沿、热点问题及学科动态发展史，研究历史进程、网络与知识基础、群体及亲缘关系等等，使学生在有限的时间内快速、准确、直观地了解其研究方向的可行性，另外也可扩展研究生的视野，可以让研究生方便地进行科学的选题，为毕业论文的准确选题、论文研究内容的创新化及研究成果的实践化打下良好的基础，大大提高了论文写作的效率与质量，有利于提升学生的创新能力和科研水平，使得毕业论文的写作可以达到事半功倍的效果。

（六）图书馆行业中的知识图谱应用

图书馆与读者交流与互动的形式多样，有口头咨询、E-mail 咨询、电话咨询及实时互动咨询等。图书馆应建立读者咨询档案，特别是在学科专业知识的咨询上。这种咨询档案不应是以简单的文字形式存在的咨询档案，而是应利用现代化先进的数据挖掘技术分析、构建、绘制读者咨询的图形，实现知识的可视化，明确知识之间的内在关联，进而实现知识共享，促进知识的有效传播。

从表面上看，这种以咨询档案形式存在的单一的知识图谱仅仅是档案资料而已，实则不然。咨询档案建立成功后，若其他读者咨询，图书馆工作人员可以通过查找咨询档案，找到相关类型的知识图谱，然后利用相关度对后面的读者进行指引，这无疑会给后面的读者以启迪，从而会对其科学研究产生促进作用。因此，从学习和交流的角度上看，利用知识图谱构建知识咨询档案，是非常有效的一种办法。

嵌入式教学是指图书馆以用户为中心开展的一种参与教学活动、融入科研团队的具有主动性、系统性特征的动态跟进式服务。图书馆开展嵌入式教学服务是对专业教学活动的一个补充，无论是对教师的授课，还是对学生的学习，都会有很大的帮助。当然传统形式的信息素养教育必不可少，但以知识图谱这种可视化技术形式去指导教学活动，却是更为教师与学生接受并有较大意义的方式。知识图谱可真正实现教与学的连接，可对教学有比较好的反馈。

知识图谱被广泛应用于文化、社会、教育等各个领域，是一个能够准确、全面地反映知识领域各种信息的强大图形工具，但对于一些中小型高校图书馆来说，将知识图谱很好地应用到图书馆各项业务工作中，是机遇也是挑战。如果各项条件具备，知识图谱在图书情报中的应用将可以大大提高图书情报界知识服务的质量和效益。但技术能力强、学科专业知识雄厚人员的配备，用户观念的更新，工具的选取，数据的导入等对于中小型图书馆来说，都是一个不小的难题，还需要做进一步努力与探索。

（七）解决社会问题

将知识图谱用于解决社会问题，是知识图谱应用的一个拓展。该应用在 21 世纪初才开始兴起，N. Haritash 和 B. M. Gupta 将知识图谱应用于政治中，用于政府的决策制定。R. E. Horn 将知识图谱应用于解决现实存在的问题，分析、认识复杂的社会信息间的关系，帮助决策者快速做出决策。

【例 1】榆林学院教师近 10 年所发表的中文学术论文的文献计量分析

知识经济时代，科学技术在经济社会中发挥着越来越重要的作用，因此，科学研究也成为包括高校在内的很多部门所关注的重点。榆林学院作为榆林唯一的高等院校，其科研重点、科研水平如何，从目前公开发表的文献来看，还没有一个较全面的定量分析。本书检索了榆林学院教师近十年公开发表的学术论文，并将检索结果导出到数据分析工具中，对这些数据进行统计分析，用数据来分析研究榆林学院教师在学术研究方面的相关特征。

1. 数据来源与获取

所用的数据来源于 CNKI 数据库。CNKI 是全球最大的知识门户网站，收录的文献范围全，涵盖了期刊、博硕士学位论文、报纸、会议论文、年鉴、图书、多媒体教育教学素材等多种类型的文献。CNKI 数据库中的期刊数据库是目前全球范围内最大的连续动态更新的中文期刊全文数据库，收录 7 600 多种重要期刊，内容覆盖了自然科学、人文社会科学、工程技术、农业、哲学等各个领域。

在 CNKI 数据库中选取“作者单位”作为检索途径，“榆林学院”作为检索词进行检索，共检索到 4 633 篇相关文献。其中期刊文献 4 289 篇，占总文献数的 93%；核心期刊文献 1 122 篇，占期刊文献总数的 26%；SCI、EI、CSSCI 来源期刊 248 篇，占期刊文献总数的 6%；会议文献等其他类型文献共 344 篇，占文献总数的 7%。

2. 数据处理及分析

（1）榆林学院教师年发文数量统计分析。

本步骤将检索到的 4 633 篇文献导出到 Excel 表中，导出的文献特征包括了题名、作者、关键词、文献来源、作者机构，在 Excel 表中对这些数据进行了合并相同数据、去除错误数据等数据预处理工作，将这些处理好的数据再导入数据库（本书采用的是 Access 数据库）中进行数据分析。本步骤将数据按年度进行分组查询，以分组查询结果为数据源做出按年度分布的论文数量折线图。

从榆林学院年发文量统计可以看出，榆林学院教师的发文量基本上呈现逐年上升的趋势，增长速度最快的发文时间出现在 2008 ～ 2017 年，年发文量最高的是 2017 年，年发文量为 541 篇，人均发文量为 0.6 篇。说明榆林学院对教师的科研工作是鼓励和支持的，但总体来说，教师的年发文量还是偏低，还需进一步加强科学研究工作。

（2）榆林学院教师高产作者分析。

本步骤利用已导入到 Access 数据库中的文献列表，按照作者进行聚类，统计每位作者近十年来的总发文量，并按照发文量的高低进行排序，通过查询结果发现：发文量大于 10 篇的有 212 人，占总人数的 2%；第一作者发文量大于 10 篇的有 154 人，占总人数的 16%；核心期刊发文量大于 10 篇的仅有 36 人，占总人数的 4%。发文数量排在前 5 位的部分作者情况如表 2-1 所示。从表 2-1 可以看出：即使是高产作者，年发文量也偏低，发文量最高的作者的年发文量仅为 7.1 篇，第一作者的年发文量为 4.1 篇，核心期刊作者的年发文量为 3.4 篇。

表 2-1 榆林学院教师高产作者发文数量

（单位：篇）

序号	作者	发文数量	序号	第一作者	发文数量	序号	核心期刊作者	发文数量
1	王瑞斌	71	1	王瑞斌	41	1	屈雷	34
2	屈雷	62	2	杜芳艳	29	2	王瑞斌	33
3	杜芳艳	59	3	李霞	28	3	杜芳艳	31
4	张雄	43	4	杨雨佳	26	4	曹艳萍	25
5	曹艳萍	41	5	霍文兰	24	5	张雄	22

3. 榆林学院教职工近 10 年主要合作机构分析

本步骤将 Excel 表中的数据导入数据库中，利用数据库中的分组汇总功能，将数据按照作者单位进行了二次分组，对分组后的文章数量进行了总量计算，并按照分组后的文章数量从高到低进行排序。从排序的结果来看，在与榆林学院合作的机构中，发文最多的机构是榆林市内的各类机构，双方近 10 年共同合作的发文量是 127 篇，年平均合作数量为 12.7 篇，其次是陕西师范大学，双方近十年共同合作的发文量为 75 篇，年平均合作数量为 7.5 篇。

还统计了平均每年都有合作的稳定合作单位，即年平均合作数大于等于 1 的单位，年平均合作数大于等于 1 的合作机构共 16 个，年平均合作发文量为 2.7 篇。这 16 个合作机构，如表 2-2 所示。

表 2-2　榆林学院稳定合作单位年平均合作发表文数量

（单位：篇）

合作单位	年平均合作发文数量	合作单位	年平均合作发文数量
陕西师范大学	7.5	西安建筑科技	1.5
西北农林科技	6.0	西安科技大学	1.2
延安大学	6.0	北京科技大学	1.2
西北工业大学	2.1	中国科学院（西北地区）	1.1
西北大学	1.9	陕西科技大学	1.0
西安理工大学	1.8	西北政法大学	1.0
北京林业大学	1.6	西安电子科技	1.0
西安石油大学	1.6	西安交通大学	1.0

笔者又将合作机构按照地域进行分析，陕西西安占 45%，榆林市各单位占 25%，陕西延安占 12%，陕西杨凌占 12%，北京占 6%。通过分析发现与榆林学院合作最为频繁的还是陕西省内的各高校，省外的单位非常少，只有北京的几所高校与榆林学院的合作较为稳定。

4. 榆林学院教职工近 10 年主要研究领域分析

文章将 Excel 表中的关键词数据（其中每篇文章选取了前 3 个关键词）进行了去除无关词语、合并同义词等数据预处理工作，将预处理过的数据导入数据库中，对这些关键词进行了合并、分组统计，并构建了关键词矩阵。将分组后的关键词按照出现频次从高到低排序发现，高频关键词有教学改革、大学生、榆林学院、体育教学、高校、陕北民歌。通过分析关键词矩阵，榆林学院教职工近十年较关注的领域包括教学改革与实践教学的研究、渐进公式、单片机在数据采集方面的应用研究。

总体来说，榆林学院教职工的学术研究日益活跃，但是发表学术论文的作者的发文量略低，且作者的合作单位主要局限在陕西省内，另外，榆林学院还没有形成自己稳定深入的研究领域。

【例 2】基于知识图谱的国内环境监测领域学术研究分析

文章从科学统计分析的角度，对国内环境监测领域的主要学者、主要研究机构及主要研究领域进行了分析与研究，根据知识图谱的构建原则，定量分析了环境监测领域的 7 093 篇文献，通过 Excel 和 SPSS 分析软件，构建出环境监测领域知识图谱，并对图谱进行了分析和解读。

创新监测技术的动力源泉，是发现新问题、解决新问题的重要手段，是开展广泛合作与交流的媒介。随着我国环境监测事业的发展，对环境监测的科学研究也越来越受到各环境监测单位的重视，我国环境监测科学研究事业日益繁荣与发展，如何对环境监测领域的研究成果进行系统地梳理、总结、评价和反思，日益成为一个必要而紧迫的任务。本书以国内环境监测领域学者、专家所发表论文的相关数据为基础，利用知识图谱的方法和工具对这些数据进行分析，进一步获取国内环境监测领域学术研究的相关特征。

1. 研究方法

国内外各种科技文献数据库的日益齐备和计算机数据挖掘技术、数据可视化技术的发展，使我们有可能通过对科技文献数据库进行数据挖掘和可视化分析的新途径来解决上述问题。事实上，使用可视化的方式，即用科学知识图谱的研究方法来定量，并且形象直观地监测与评价学科的发展，正是科学计量学、文献计量学、信息计量学等近 10 多年来一直共同关注的问题，而且也已经取得了很大进展。本书将借助知识图谱的理念及技术，分析我国环境监测领域近年来有哪些研究热点，有哪些主要研究机构、主要学者，以及他们的团队成员和关心的研究主题等等。

2. 研究步骤

（1）数据来源。

CNKI 是全球最大的知识门户网站，收录范围全，它是集期刊、报纸、博士硕士学位论文、会议论文、图书、年鉴、多媒体教育教学素材为一体的知识服务网站。本研究采用的数据来源于 CNKI 引文数据库，它收录了中国学术期刊电子杂志社出版的所有源数据库产品的参考文献，并揭示各种类型文献之间的相互引证关系。这些数据具有较高的准确性和权威性，可以成为有价值的研究数据。

（2）数据获取。

在 CNKI 数据库中选择“作者单位”作为检索途径，“环境监测”作为检索词进行检索，共检索到 50 077 篇相关文献，对检索结果按照年代进行聚类，并将相关信息导出到相应数据处理工具中。

（3）数据处理与分析。

①环境监测领域逐年发文数量统计分析。

本步骤将检索结果按照年份聚类，将每年的发文数量数据导出到 Excel 表格中，以这些数据为数据源得到数据折线图。通过折线图可以看出，国内环境监测领域的发文量呈逐年上升趋势，且增长速度也呈增快趋势，说明国内环境监测领域的学术研究随着国家对环保事业的重视越来越活跃起来。

本步骤选取 2013 年与 2014 年的数据共 7 093 篇，将这些文献的题名、作者、文献来源、作者机构、关键词等元数据导出到 Excel 表中，进行整理后，得到所有参考文献列表，然后将这些数据再导入 Access 数据库中进行数据处理，7 093 篇参考文献共得到 3 529 个不同的作者，共得到 1 878 个不同的环境监测机构，由此可以得出每个作者的平均发文量约为 2 篇，每个环境监测机构的平均作者量约为 1.8 个，从这些数字可以看出目前我国环境监测机构内从事学术研究的人员相对来说还是偏少，学者的发文量也偏低。

将这些作者按照其所写文章数量进行排序，本书将发文数大于 4 篇的作者共 120 人，作为国内环境监测领域的主要学者人物。这些主要学者约占总发文人数的 6%，这些主要学者的发文量为 608 篇，约占总发文量的 9%，从这两个数字可以看出国内环境监测领域并不是少数的作者发表了多数的论文，大家的发文量不是太悬殊。这 120 位作者的平均发文量约为 5，所提取的部分作者发文信息如表 2–3 所示。

表 2–3　作者发文信息统计

作者	文章数目
武开业	15
李荣刚	12
杨东方	12
张宁	9
邓力	8
陆泗进	8

②国内环境监测领域主要研究机构数据分析。

本步骤利用导出的数据，按照作者单位进行分类，按照发文量从高到低进行排序。从排序的结果来看，发文最多的机构是中国环境监测总站，其近两年来的发文量为 116 篇，其次是江苏省环境监测中心，近两年来的发文量为 87 篇。

本步骤将发文量大于 20 篇的环境监测机构进行了统计，发文量大于 20 篇的环境监测机构共 21 个，平均发文量约为 37 篇。

③国内环境监测领域主要研究领域分析。

本步骤在每篇文章选取前 3 个关键词，对这些关键词进行了无关词语的去除、同义词的合并等数据预处理工作，然后利用知识图谱的相关工具——Excel、SPSS 进行统计分析。通过数据分析发现，高频关键词包括环境监测、PM2.5、土壤、重金属、质量控制、固相萃取。通过关键词矩阵分析，环境监测领域较受关注的领域包括 PM2.5 与 PM10 的研究与监测、环境监测中的质量管理、土壤中重金属污染以及浮游植物的群落结构研究。

第二节 知识图谱绘制方法

知识图谱研究主要通过共被引分析、社会网络分析、多元统计分析和信息可视化技术，对海量的科技文献信息进行搜索与处理，将学科领域的前沿方向、结构特征和发展态势直观形象地展示出来。图谱绘制主要包括以下几种基本方法。

一、共被引分析

著名科学计量学家斯莫尔在吸收普赖斯和加菲尔德关于科学引文网络的思想的基础上，于 1973 年创造性提出了论文共被引的概念和共被引分析的方法。当两篇文献共同出现在第三篇文献的参考文献目录中时，这两篇文献构成共被引关系。共被引频次为这两篇文献一起被引用的频次。文献共被引频次越高，研究领域、研究方法等方面的契合度就越高，相互关系就更加密切。把共被引分析的对象延伸至期刊、作者，就形成相应的期刊共被引分析和作者共被引分析。期刊共被引分析能够揭示学科期刊之间的相互关系及结构特征，同时可以通过期刊共引关系判断某些期刊的专业范畴，帮助确定学科的核心期刊。通过作者共被引分析，可以揭示学科专业人员之间的联系和结构特点，进而反映其从事的学科专业之间的关系及变化趋势。共被引分析区别于学者个人归纳、访谈调查等主观分类方法的最大优势在于它的客观性、分类原则的科学性和数据的有效性。

二、词频分析

词频分析是利用能够揭示或表达文献核心内容的关键词或主题词在某一研究领域文献中出现的频次高低，来确定该领域研究热点和发展动向的文献计量学方法，它通过对主题词出现频次进行分析，确定相关研究的热点、主题以及发展趋势。通过统计关键词或者主题词等的频次来研究某一领域的热点和动向。

三、共词分析

共词分析属于内容分析法的一种，它通过对能够表达某一学科领域主题或研究方向的专业术语共同出现在同一篇文献或论文中次数的统计来判断学科领域中主题间的关系，进而展现该学科的研究结构，以探索学科的发展，发现学科的研究热点。共词分析法的原理：利用文献集合中的词汇来确定该文献集所代表学科中各主题之间的关系，词汇对在同一篇文献中出现的次数越多，则代表这两个主题的关系越紧密，通过统计一组文献的主题词两两在同一篇文献中出现的频率，便可形成一个由这些词对组成的共词网络，网络内节点之间的远近便可反映主题内容的亲疏关系。

四、社会网络分析

社会网络分析聚焦社会个体成员之间因为互动而形成的相对稳定的关系，并建立这些关系的模型，力图描述群体关系的结构，研究这种结构对群体功能或者群体内部个体的影响，是 20 世纪 70 年代以来在社会学、心理学等领域逐步发展起来的一个研究分支。Evelien Otte 和 Ronald Rousseau 指出，情报学家对出版物研究、引证和合作关系、同被引网络和其他社会相互作用形式通过互联网构成了无标度的社会网络。具有重要地位的作品、作者和关键词可以通过社会网络分析中的 K 核、中心性和中介性等概念找寻出来。

近年来，国内情报学者利用社会网络分析方法在竞争情报、知识管理、论文合著、链接分析等方面开展了一系列研究。社会网络分析方法被证明可以成功地研究科学合作网络和互联网中的可视化网络。

第三章　图书情报学科知识图谱的构建、分析与应用

随着谷歌知识图谱的发布，知识图谱的构建与应用研究引起了学术界和工业界的广泛关注。在国内，知识图谱的构建与研究已经起步，相应取得许多重要的研究成果。例如：复旦大学 GDM 实验室设计了一种面向图书阅读领域的中文知识图谱；金贵阳等利用知识图谱和语义网技术，提出构建企业知识图谱的方法，并应用于钢铁企业信息集成，提高了企业信息查询的效率。

第一节　图书情报学科知识图谱的构建过程

一、知识图谱构建流程

在绘制知识图谱之前要对数据进行分解和可视化，这需要相关的技术支持。目前关于知识图谱的研究使用过的技术有社会网络包、多维尺度分析、因子分析、路径网络、共引分析、向量空间、潜在语义分析、学科内容分析、多种聚类方法等。构建知识图谱的方法有四种：引文分析方法、共现分析方法、多元统计分析方法、社会网络分析方法。

基于对知识图谱的分析，结合研究目的和对象，并参考目前知识图谱研究的成果，本书对知识图谱构建流程和方法进行了提炼和规范。总体而言，知识图谱的构建流程可以分为理论基础准备、数据源获取、分析方法与分析工具准备、知识图谱构建、图谱解读五大模块。在具体操作流程和方法上，各大模块又可进行细分，数据源选择可从期刊文献选择与数据库平台选择两方面进行；方法和工具包括了主题词析取、共词表和相关分析表，并借助 EndNote、Excel 进行具体数据分析，这也是本书在数据分析中的重点部分；具体的知识图谱构建阶段则通过 SPSS 的因子分析、聚类分析、多维尺度分析以及战略坐标分析进行；最后根据各研究结构的内容、比重和现状发展，对得出的图谱结果进行详细解读。这里提出

的流程和方法在实际应用的基础上经过了完善和改进，能比较合理、有效地构建学科知识图谱。知识图谱构建流程如图 3-1 所示。

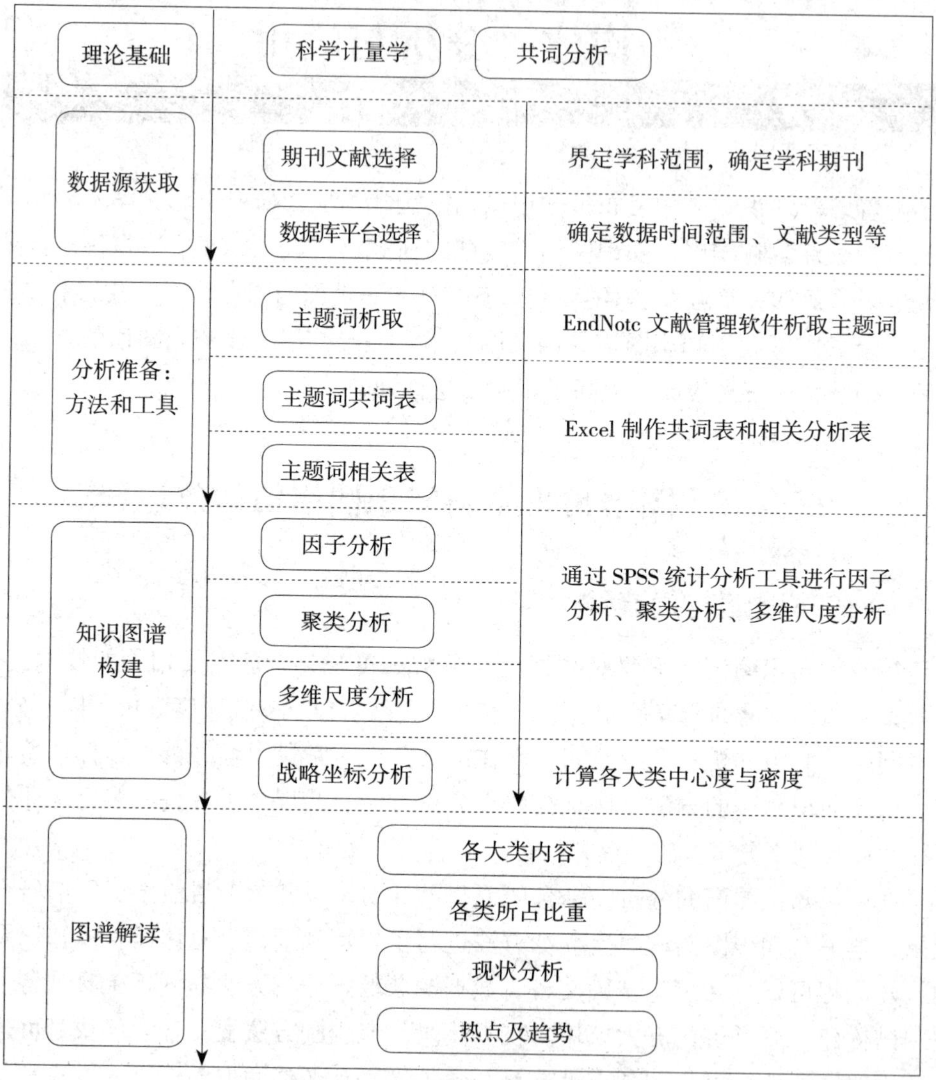

图 3-1　知识图谱构建流程

二、知识图谱数据获取和处理

将期刊中包含的 2010 ～ 2017 年收录在 LISTA 中的 15 323 篇文献导入

EndNote 中，通过 Tools—Subject Bibliography，即可将文献中包含的所有主题词析取出来，得到主题词列表。列表中包含了 15 323 篇文献中出现的所有主题词、这些主题词出现的次数以及分别出现在哪些文献中。

将所有主题词以及相应频数导入 Excel 中，进行整理后，得到所有主题词及其频数的列表，剔除与研究主题和领域表征关系不大的词，比如 Research、Surveys、Nonfiction、Evaluation 等，15 323 篇文献共包含了 20 248 个不同的主题词，总频数为 115 635。其中前 100 位主题词的频数为 35 233，占所有主题词总频数的 30.47%。主题词基本情况如表 3–1 所示，所提取的前 100 位主题词、主题词相对应的频数以及累积频数百分比如表 3–2 所示。

表 3–1　2010 ～ 2017 年图书情报学期刊主题词基本情况

主题词总数	主题词总频数	前 100 位总频数	前 100 位频数比重
20 248	115 635	35 233	30.47%

表 3–2　前 100 位主题词列表

排名	主题词	频数	累积百分比
1	Liraries	151	1.31%
2	Information science	141	2.53%
3	Information retrieval	123	3.60%
4	United States	123	4.66%
5	Information resources	115	5.66%
6	Information services	984	6.51%
7	Information technology	892	7.28%
8	Information resources	834	8.00%
9	Information storage & retrieval	779	8.67%
10	Librarians	757	9.33%
11	Library science	744	9.97%
12	Internet	681	10.56%

续 表

排名	主题词	频数	累积百分比
13	Academic libraries	672	11.14%
14	Web sites	655	11.71%
15	Electronic information resources	651	12.27%
16	Digital libraries	623	12.81%
17	Computer network resources	602	13.33%
18	Internet searching	570	13.82%
19	Public libraries	543	14.29%
20	Search engines	533	14.76%
21	Electronic information resource	529	15.21%
22	Online information services	506	15.65%
23	Uuiversities & colleges	480	16.07%
24	Databases	469	16.47%
25	Publishers & publishing	458	16.87%
26	Knowledge management	416	17.23%
27	World Wide Web	394	17.57%
28	Medical informatics	379	17.90%
29	Library users	342	18.19%
30	Scholarly publishing	341	18.49%
31	Electronic publishing	331	18.77%
32	Database searching	330	19.06%
33	Library employees	328	19.34%
34	Information behavior	308	19.61%
35	Information literacy	300	19.87%
36	Web search engines	288	20.12%
37	Online databases	284	20.36%
38	Computer software	283	20.61%

续 表

排名	主题词	频数	累积百分比
39	Bbiliographical citations	279	20.85%
40	Documentation	277	21.09%
41	Library administration	277	21.33%
42	Bibliometrice	276	21.57%
43	Citaion analysis	276	21.80%
44	Education	264	22.03%
45	Technological innovations	245	22.24%
46	Public services (Libraries)	242	22.45%
47	Meta Data	240	22.66%
48	Great Britain	238	22.87%
49	Electronic data processing	226	23.06%
50	Electeonic journals	224	23.26%
51	Libraries–Automation	221	23.45%
52	Medical care	219	23.64%
53	Electronic books	21	23.82%
54	Management	213	24.01%
55	Access to information	210	24.19%
56	Google Inc.	203	24.37%
57	Library information networks	201	24.54%
58	Internet users	198	24.71%
59	Library finance	195	24.88%
60	Blogs	193	25.05%
61	Communication	192	25.21%
62	Information seeking strategies	184	25.37%
63	Cataloging	183	25.53%
64	Collecition development	181	25.69%

续 表

排名	主题词	频数	累积百分比
65	Data mining	177	25.84%
66	Information organization	172	25.99%
67	Methodology	172	26.14%
68	Scholarly periodicals	171	26.28%
69	Medicine—Data processing	169	26.43%
70	Electronic publications	167	26.57%
71	Reference services (Libraries)	167	26.72%
72	Open access publishing	166	26.86%
73	Internet in education	165	27.01%
74	Medical libraries	165	27.15%
75	Medicine	165	27.29%
76	Germany	163	27.43%
77	Decision making	162	27.57%
78	Associations, institutions, etc.	160	27.71%
79	Academic librarians	156	27.85%
80	Classification	154	27.98%
81	Information professionals	152	28.11%
82	Computer systems	151	28.24%
83	Information sharing	151	28.37%
84	Communication in learning	150	28.50%
85	Information & communication	150	28.63%
86	Congresses & conventions	147	28.76%
87	Library materials——Digitization	147	28.88%
88	Web sites——Evaluation	145	29.01%
89	Algorithms	144	29.13%
90	Digital media	142	29.26%

续　表

排名	主题词	频数	累积百分比
91	Information theory	142	29.38%
92	Libraries & community	142	29.50%
93	Library resources	142	29.63%
94	Online social networks	142	29.75%
95	Studets	142	29.87%
96	Books & reading	140	29.99%
97	Indexing	140	30.11%
98	Public institutions	140	30.23%
99	Medical records	136	30.35%
100	Information scientists	135	30.47%

从表 3–1 和表 3–2 中可以看出，从 15 323 篇文献中提取的主题词多达 20 248 个，所有主题词共计出现的次数高达 15 656 次。对于高频主题词的提取，目前国内外还未形成统一、权威的标准。大多数学者在选择小样本主题词时都是按照词频大于某个特定值的方法，认为大于这个特定值即可认定该主题词是高频主题词。此外还需要考虑提取的高频主题词占所有主题词词频的比重，根据主题词累积词频的变化截取高频主题词。一般而言，如果研究范围小，提取主题词数量比较少，词频比重应取高一些，可以达到 40% 以上；而研究范围大，提取主题词数量比较多时，词频比重相对可以取得低一些，一般在 25% 以上。本书在选择小样本主题词时，综合考虑了主题词的词频、词频累积比重和实际研究情况。前 100 个主题词的词频均大于 135，且占所有主题词词频比重的 30.47%，0.5% 的主题词表征了近 1/3 的主题信息。因此，可以认为这些主题词基本能反映出图书情报学领域的主要研究内容和方向，代表了图书情报学当前的研究热点。另一方面，考虑到本书研究篇幅的限制，目前也无法对所有主题词或更大容量的样本进行分析，数据分析和研究是针对这前 100 位主题词进行的。

第二节　图书情报学科知识图谱的分析与应用

一、知识图谱共词分析

共词分析是一种内容分析技术，它通过分析在同一个文本主题中的款目对共同出现的形式，确认学科领域中相关主题的关系，进而探索学科的发展。共词分析的主要作用是通过对高频主题词的聚类，发现研究对象的分析热点和主要内容，深入揭示相对应的研究结构，进而系统探讨其研究维度、学科背景和理论基础，进一步把握其研究现状、学术热点及发展趋势。共词分析可用于对某一学科的分析，也可用于对某个特定研究领域的探索。

从 EndNote 中导出的期刊及其所包含的主题词列表中，可以清楚地看到主题词出现的次数，以及该主题词是出现在哪几篇文献中。根据主题词与期刊的对应关系，可以对高频主题词进行两两共词检验，计算出每两个主题词共同出现的次数频率，生成高频主题词的共词矩阵，具体计算方法如下。

（一）利用 EndNote 导出数据

对从 EndNote 中导出的主题词、主题词频数以及对应出现的文献名称在 Excel 中进行整理，形成一张“主题词—文献名称—次数”的列表（表 3–3），每个主题词在一篇文献中出现即标记次数 1，例如主题词 Libraries 共计出现 1 512 次，对应于 1 512 篇文献，将主题词与其对应的文献一一表示出来，表 3–3 以“Libraries—文献名—次数”的形式形成三列，以此类推，形成所有主题词与所有文献的对应关系。

表 3–3　主题词—文献名称—次数（局部）

主题词	文献名	次数
Libraries	A Survey of Current Tasks and Future Trends in Access Services.. Journal of Academic	1
Libraries	Acknowledgements. Health Information&Libraries Journal, 2005. 22（4）: p.308–308	1
Libraries	Bibliogiblioaranher's Mannal : A New Life' a New Process	1
Libraries	College Libraries : The Lona Goodbye	1

续 表

主题词	文献名	次数
Libraries	Design Consideration for Multilingual Web Sites	1
Libraries	Designing and Developing Web-Based Continuing Legal Education	1
Libraries	Digital Resources and Librarians : Case Studies in Innovation, Invention, and Implementation	1
Libraries	Document-Management Technology and Acquisitions Workflow : A Case Study in Invoice	1
Libraries	Guidelines for Reviews	1
Libraries	I,Librarian.Infomation Technology & Libraries,2005.24(3):p.123-129	1
Libraries	Libraries Act on Their LibQUAL + ^{TM} findings From Data to Action"	1
Libraries	Libraries and University Presses Can Collaborate to Improve Scholarly Communication or Why	1
Libraries	Library Usage Patterns in the Electronic Information Environment	1
Libraries	Maximizing Library Storage with High-Tech Robotic Shelving	1
Libraries	Mold : Recovery from a Potential Collection Disaster and Environmental Hazard	1

（二）数据透视表分析

对第一部分形成的列表进行数据透视分析，得到“主题词—文献”的横纵表，如表 3-4 所示，100 个主题词横向显示，文献名称纵向显示，有“1”计数的表示其对应的主题词出现在对应的文献当中，空白则表示主题词与文献无对应关系。

表 3-4 文献—主题词对应表（局部）

主题词 文献	Libraies	Information science	Information retrieval	United States	Information resources management
A Bracelet for Us...	1				

续 表

主题词 文献	Libraies	Information science	Information retrieval	United States	Information resources management
A Community Of...					
A Comparative Analysis...			1		
A Library Assistant's...					
A Library-Themed...					
A MAP for the library...	1				
A Model Showing the...					
A New Logo in Darien...					
A Post-Sepetmber 11th...				1	
A Recording Studio in a...					
A Review of Image...	1	1	1		
A Service-Oriented...					1
A Survey of Current...	1				

（三）计算某篇文献中主题词共现情况

要计算两个主题词共现的次数，则可通过对该两列数据相加，计算所加数据中“2”的个数，即可得到两词共现的次数。例如，要计算“Libraries”和“Infoemation science”的共现次数，通过公式对这两列进行加法运算，两列相对应的行与行进行相加，一般有三种结果：空白表示其对应的文献中两个主题词都不包括；“1”表示对应的文献中只包含其中一个主题词；“2”表示其对应的文献中两个主题词都包含，即在这篇文献中，两词共现。

（四）函数计算

通过 Excel 中的 countif 函数，计算相加列中“2”出现的次数，就是对应的两个主题词共现的次数。如表 3-5 所示，“Libraries”与“Information Science”共现次数为 143。以此方法对 100 个主题词进行两两共词检验与统计，即可得出

100 × 100 的主题词共词矩阵，如下表 3-6 所示，其中 A1，A2，…，A100 分别表示频率从大到小的前 100 个主题词。

表 3-5　共词表分析——计算共词次数（局部）

143	Libraries	Infoemation Science
0		
1	1	
2	1	1

表 3-6　100 × 100 主题词共词矩阵（局部）

	A1	A2	A3	A4	A5	A6	A7	A8	A9	A10	A11	A12	A13	A14	A15
A1	1 512	143	86	175	91	168	76	99	61	189	138	65	138	50	79
A2	143	1 412	341	40	253	260	197	185	147	63	238	69	53	50	68
A3	86	341	1 234	15	243	256	91	144	230	20	91	57	41	46	73
A4	175	40	15	1 231	34	55	42	42	17	83	44	48	74	55	50
A5	91	253	243	34	1 158	176	192	150	183	31	72	43	23	30	65
A6	168	260	256	55	176	984	103	122	116	61	123	69	61	39	66
A7	76	197	91	42	192	103	892	107	56	29	68	75	33	37	50
A8	99	185	144	42	150	122	107	834	63	35	47	69	44	37	78
A9	61	147	230	17	183	116	56	63	779	21	50	27	36	25	113
A10	189	63	20	83	31	61	29	35	21	757	84	19	67	20	28
A11	138	238	91	44	72	123	68	47	50	84	744	12	72	20	34
A12	65	69	57	48	43	69	75	69	27	19	12	681	29	105	56
A13	138	53	41	74	23	61	33	44	36	67	72	29	672	18	42
A14	50	50	46	55	30	39	37	37	25	20	20	105	18	655	59
A15	79	68	73	50	65	66	50	78	113	28	34	56	42	59	651

二、知识图谱相关分析

相关分析是以分析变量间的线性关系为主，研究它们之间线性相关密切程度的一种统计分析方法。通过相关分析，界定任意两个主题词之间的距离，以及这种距离所代表的关系，从而进一步确定主题与主题之间或正或负的联系。

相关分析是整个数据处理过程中比较简单的一步，却至关重要。SPSS 的统计分析是建立在相关系数的基础上，需要基于相关矩阵表进行。因此，以上共词矩阵需经过特定的相关性转化，成为相关矩阵，以便 SPSS 统计分析。共词矩阵转化为相关矩阵通过 Excel 来完成，具体步骤是：在 Excel 中加载宏，导入分析工具库——VBA 函数，使用 Excel 自带的数据分析模块进行相关系数的计算，通过“工具”—“数据分析”—“相关系数”，对共词表中的每一列进行相关系数运算，由此可以得到完整的 100 × 100 相关矩阵表，如表 3–7 所示。

表 3–7　100 × 100 主题词相关矩阵（局部）

	A1	A2	A3	A4	A5	A6	A7	A8	A9	A10	A11	A12	A13	A14	A15
A1	1.00	0.16	0.09	0.22	0.12	0.25	0.11	0.16	0.09	0.35	0.26	0.10	0.28	0.07	0.15
A2	0.16	1.00	0.47	0.02	0.40	0.45	0.36	0.35	0.32	0.10	0.45	0.13	0.10	0.08	0.15
A3	0.09	0.47	1.00	−0.02	0.40	0.46	0.20	0.31	0.48	0.00	0.21	0.13	0.06	0.10	0.18
A4	0.22	0.02	−0.02	1.00	0.02	0.07	0.05	0.05	−0.01	0.17	0.08	0.08	0.15	0.09	0.08
A5	0.12	0.40	0.40	0.02	1.00	0.36	0.38	0.33	0.40	0.04	0.20	0.10	0.04	0.05	0.17
A6	0.25	0.45	0.46	0.07	0.36	1.00	0.25	0.31	0.32	0.13	0.32	0.17	0.15	0.09	0.19
A7	0.11	0.36	0.20	0.05	0.38	0.25	1.00	0.27	0.17	0.05	0.20	0.18	0.07	0.08	0.13
A8	0.16	0.35	0.31	0.05	0.33	0.31	0.27	1.00	0.21	0.07	0.16	0.18	0.10	0.10	0.22
A9	0.09	0.32	0.48	−0.01	0.40	0.32	0.17	0.21	1.00	0.02	0.16	0.08	0.08	0.07	0.32
A10	0.35	0.10	0.00	0.17	0.04	0.13	0.05	0.07	0.02	1.00	0.23	0.03	0.20	0.03	0.06
A11	0.26	0.45	0.21	0.08	0.20	0.32	0.20	0.16	0.16	0.23	1.00	0.03	0.21	0.03	0.10
A12	0.10	0.13	0.13	0.08	0.10	0.17	0.18	0.18	0.08	0.03	0.03	1.00	0.06	0.30	0.16
A13	0.28	0.10	0.06	0.15	0.04	0.15	0.07	0.10	0.08	0.20	0.21	0.06	1.00	0.03	0.11

续　表

	A1	A2	A3	A4	A5	A6	A7	A8	A9	A10	A11	A12	A13	A14	A15
A14	0.07	0.08	0.10	0.09	0.05	0.09	0.08	0.10	0.07	0.03	0.03	0.30	0.03	1.00	0.17
A15	0.15	0.15	0.18	0.08	0.17	0.19	0.13	0.22	0.32	0.06	0.10	0.16	0.11	0.17	1.00

三、基于 SPSS 的知识图谱统计分析

得到如表 3-7 中所示的 100 × 100 主题词相关矩阵后，就可以通过 SPSS 统计分析工具进行因子分析、聚类分析、多维尺度分析、战略坐标图分析，并构建图书情报学知识图谱。

（一）因子分析

以上确定了前 100 个主题词为分析变量，它们在一定程度上能较准确地描述图书情报学领域的研究状况。但在具体的数据分析中，由于变量较多，变量之间存在较强的相关性，而相关性又无法直观地加以界定，因此直接进行类别的划分缺乏科学依据和支持。为了解决这个问题，最简单和最直接的方法就是削减变量的个数，但是这必然会导致信息丢失和信息不完整等问题。因子分析就是针对这种情况，减少参与数据建模的变量个数，同时又不会造成信息的大量丢失。

因子分析是通过尽可能少的因子来描述尽可能多的指标及指标之间的关系，其基本思想是根据相关性大小把研究对象的变量分组，使得同组内的变量之间相关性较高，而不同组的变量相关性较低。因子分析以最少的信息丢失为前提，将众多的原有变量综合成较少的几个综合指标，使因子个数远远少于原有变量的个数而又能反映原有变量的大部分信息。此外，通过因子分析重组出来的因子能够通过各种方式最终获得命名解释性，帮助对因子分析结果进行解释评价，即将原有变量划分重组成因子之后，根据因子的综合状况和反映内容重新确定因子名称，以便更直观和直接地显示原有变量的划分结构。

因子分析主要有以下步骤：① 确定原有变量之间存在较强的相关关系，即它们之间有共同因子；② 抽取共同因子，确定因子的数目；③ 决定因素与因子命名。

根据上述因子分析的内容，以下对本书确定的 100 个主题词变量进行因子分析，根据这 100 个主题词变量之间的相关性，寻找到它们的共同因子，以最少的因子数反映 100 个变量的大部分信息。具体方法是将 100 × 100 相关分析矩阵导入

SPSS 中，通过“分析”—“数据降维”—“因子分析”进入具体的因子分析过程，并将所有主题词设置为变量，因子分析的主要参数如下。

（1）描述性统计量。

原始分析结果：显示因素分析未旋转之前的共同性、特征值、解释方差和累积百分比。

（2）抽取。

方法：主成分法，此为 SPSS 内定方法。

分析：相关矩阵。以相关矩阵来抽取因素。

显示：未旋转的因子解——显示为旋转时因素负荷量、特征值及共同性；碎石图——显示所有因子的碎石陡坡图。

抽取：基于特征值。因素抽取时，按特征值由大到小排序各个因子。

（3）旋转。

方法：最大方差法，属于正交旋转法之一。

显示：旋转解——显示旋转后的相关信息。

（4）选项。

缺失值：按列表排除个案——观察值在所有变量中没有缺失才加以分析。

系数显示格式：按大小排序——根据每一因素层面之因素负荷量的大小排序。

分析结果如表 3–8 所示。

表 3–8　因子分析结果（局部）

主成分	初始特征值		
	特征值	解释方差（%）	累积解释方差（%）
1	18.050	18.050	18.050
2	12.419	12.419	30.469
3	7.694	7.694	38.163
4	6.129	6.129	44.292
5	3.812	3.812	48.104
6	3.574	3.574	51.678
7	2.810	2.810	54.488
8	2.576	2.576	57.064
9	2.288	2.288	59.352
10	2.037	2.037	61.389

续　表

主成分	初始特征值		
	特征值	解释方差（%）	累积解释方差（%）
11	1.742	1.742	63.131
12	1.530	1.530	64.661
13	1.385	1 385	66.046
14	1.367	1 367	67.413
15	1.258	1.258	68.671
16	1.225	1.225	69.896
17	1.006	1.139	71.034
18	1.015	1.079	72.113
19	1.066	1.066	73.179
20	1.015	1.015	74.194
21	0.960	0.960	75.154
22	0.927	0.927	76.081
23	0.902	0.902	76.983
24	0.886	0.886	77.869
25	0.826	0.826	78.695

相关矩阵包含两个特点：首先，相关矩阵中的每一列对应于一个主成分，每一个主成分又依次对应一个特征值；其次，相关矩阵的特征值是衡量矩阵中主成分重要性的关键标准。表 3–8 中列出了因子分析结果的局部图，表中第一栏为主成分，共包含 100 个主成分因素，第二栏为初始特征值，共由三小栏构成：特征值、解释方差和累积解释方差。一般而言，第 n 个特征值度量了第 n 个主成分取值的变动大小，即特征值越大，其对应的主成分变动越大，主成分重要性贡献率也越大。此处的特征值即根据相关矩阵中各成分计算得到，特征值越高，说明该成分的贡献度越高，重要程度也越高。上表有 20 个成分的特征值超过了 1，其余成分的特征值都没有达到或超过 1。解释方差栏为各主成分所解释的方差占总方差的百分比，即各因子特征值占总特征值总和的百分比。累积解释方差栏为各因子方差占总方差的百分比的累积百分比。

因子数目的确定是因子分析乃至整个数据统计分析的关键，关于因子数目的确定标准，常用的有两种：一是学者 Kaiser 所提的准则标准，即选取特征值大于 1 的因素；二是以 Cattell 所提倡的特征值图形的碎石图作为挑选因素分析数目的标准。如果根据 Kaiser 的选取标准，会抽取过多的因子，因此需要结合碎石图的图形情况来考虑。

因子分析的碎石图（图 3-2）与被解释总方差的作用相同，都可用于确定因子的数目。碎石图中的每一个点代表一个因子，可以看出，从第 11 个因子左右开始，之后的曲线变得比较平缓，最后接近一条直线，而且前 11 个因子的累积方差贡献率达到了 63.1%。根据 Kaiser 的标准和 Cattell 倡导的方法。综合因子分析表和碎石图的内容，并参考“提取的因子应能概括总体信息的 60% 以上”，11 个因子对整体走势起了决定性作用，是变化最明显的部分，因此，拟将这 100 个主题词分为 11 类。

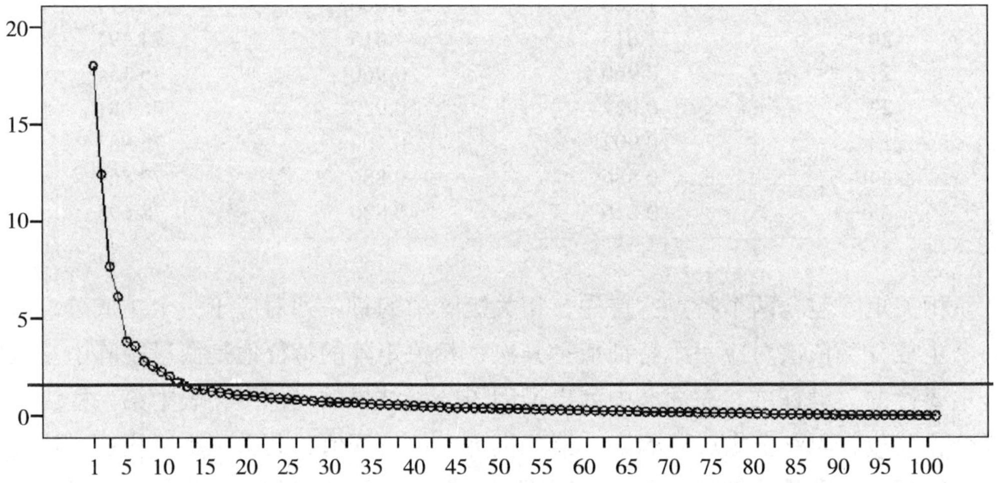

图 3-2　碎石图

确定了因子数目之后，需要对这 11 个因子进行命名解释。由于进一步的因子类别和内容还需要通过聚类分析和多维尺度分析后得到，因此具体的因子命名解释将在下面的分析后确定。

（二）聚类分析

以上通过因子分析确定了 100 个主题词应划分的因子数目后，需要进一步确定每一个因子下包含哪些主题词，这就需要通过 SPSS 中的聚类分析得以实现。聚类分析是依照“物以类聚”的原理，根据事物本身的特性研究个体的分类，将一批样本或变量按照在性质上的亲疏程度，在没有先验知识的情况下自动进行分类。其原理是同一类中个体有较高的相似性，不同类之间的个体差异性较大。

SPSS 提供的聚类方法主要有两种：K-means 聚类和系统聚类。K-means 快速聚类法是针对大样本逐步进行的聚类方法，一般事先确定类数，通过迭代进行分析聚类，提供方差分析，可分辨引入变量显著与否，特点是快速，且处理的样本量大。系统聚类也叫层次聚类，根据聚类过程方向的不同，分为合并法和分解法。合并法的基本思路是通过合并的方式进行聚类，每个个体最初自成一类，其次将最“亲密”的个体聚成一小类，再将最“亲密”的小类或个体聚为一类，重复以上过程把所有的个体和小类聚集成越来越大的类，直到所有的个体都聚为一体。分解法则方向相反。系统聚类在聚类前一般不能明确类数，按距离分层次地逐渐聚合，特点是功能强大，可提供树状图、冰柱图，形象直观，受所选变量的影响较大，且不提供方差分析。

为了更科学、形象、直观地显示聚类的结果，本书采用聚类分析中最常用的系统聚类法对相关矩阵进行聚类分析，在 SPSS 中对 100 × 100 主题词相关矩阵进行操作，通过“分析”—“分类”—“系统聚类”进入具体的聚类分析模块，将 100 个主题词字段设置为变量，输入变量框，并选择“Keyword”作为个案的标记变量，分群方法为个案聚类，主要参数设置如下。

（1）统计量：合并进程表（默认）。

（2）绘制：树状龙骨图——输出聚类分析的树状分析图。

（3）方法：聚类方法——组间连接，即组内个体的相似性较高而组间的差异较大。

将这 100 个主题词按组间连接法，即将平均距离最小的两项合并为一类。系统聚类可以明确地显示出哪两个个体或小类在何时被聚为一大类，如表 3-9 所示，个体 29 和个体 70，即 Medical Informatics 和 Medicine Data Processing，是第一个被聚为小类的个体，其个体距离最小，为 0.071，其次是个体 19（Internet Searching）和个体 37（Web Search Engines），样本距离为 0.195。在聚类表中，各个体以合并的方式，逐层聚类，直到全部个体变量聚为一个大类。

表 3-9　聚类表（局部）

阶	群集组合		系数	首次出现阶群集		下一阶
	群集 1	群集 2		群集 1	群集 2	
1	29	70	0.071	0	0	3

续 表

阶	群集组合		系数	首次出现阶群集		下一阶
	群集 1	群集 2		群集 1	群集 2	
2	19	37	0.195	0	0	8
3	29	100	0.230	1	0	16
4	43	44	0.288	0	0	10
5	35	63	0.331	0	0	74
6	22	33	0.363	0	0	12
7	31	69	0.393	0	0	9
8	19	21	0.400	2	0	12
9	31	85	0.424	7	0	41
10	40	43	0.519	0	4	88

除聚类表外，聚类分析的树状图也能清晰地反映 100 个主题词在聚类过程中的具体步骤和结果，被聚为一类时标签值越小，说明类间的距离越小，反之越大。树状图清晰明确地反映了主题词之间的聚类情况，以及主题词与主题词之间、小类与小类之间的距离大小。

聚类分析结果树状图直观显示了 100 个主题词之间的关联度，所确定的 A ～ K 类即为本书划分出的图书情报学的 11 个研究大类，划分的依据是各个样本间的距离，距离越小的，越早被聚为一类，其样本的关联就越紧密，而类的大小也会直接反映这个主题的集中程度和学者对它们的关注程度。一般来说，理论性强、研究方向指导性强以及较受重视的研究领域会形成较大的类，而较小的类则更多地集中在某个领域中。

（三）多维尺度分析

多维尺度分析是市场调查、分析数据的统计方法之一，用于反映多个研究事物间相似和不相似程度，通过适当的降维方法，将这种相似或不相似程度在低维度空间中用点与点之间的距离表示出来，通过点在空间中的位置，来确定点与点之间的关系。其原理是将观测数据分配到一个二维或三维的概念空间中的特定位置，数据点间的距离由计算出的不相似性决定，从而可以在低度空间描述相似性和不相似性，以得到对象关系的空间理解。SPSS 提供两种多维尺度分析方法，分别是 ALSCAL 和 PROXSCAL。ALSCAL 提供比较经典的 5 个分析模型，PROXSCAL 提供了 4 个更高级的模型，两者的分析结果虽不完全相等，但也包含许多对应关系。此外，ALSCAL 只能分析相似性不大的数据，PROXSCAL 对相似性或不相似性数据都能进行分析，提供了更加丰富的模型诊断、设置和结果输出。因此，本书选择 PROXSCAL 多维尺度进行以下的分析。

在因子分析和聚类分析阶段确定了因子的个数和每一类别下主题词的内容，以下通过 SPSS 中的多维尺度分析（PROXSCAL），绘制出图书情报学研究的多维尺度分析图，具体步骤为如下。

通过“分析”—“度量”—“多维尺度 C PROXSCAL”进入到具体的多维尺度分析模块，首先定义如下：① 数据格式——数据为近似值。这类数据为相似性测量值，可用于直接分析。② 源的数目——一个矩阵源。③ 一个源——矩阵中的跨列近似值。

定义之后，设置主要参数：① 度量模型——恒等模式。分析时所有个体采用的测量尺度是相同的，不再考虑个体差异。② 限制——公共空间无约束。③ 绘制——公共空间。④ 显示——公共空间坐标。

通过以上设置，得到各因素的公共空间的二维坐标以及公共空间二维图。结合因子分析和聚类分析的结果，按照划分的 11 个因子和 100 个主题词的聚类结果，最终绘制图书情报学研究的多维尺度分析图。

按照以上各种统计分析，确定 100 个主题词的划分类别数量和每个类别的范围后，需要对各类别进行命名解释。命名依据主要有以下三点原则。

（1）一般情况下，根据各个类别主题词的内容和领域，确定该类别的名称。如 A 类中的主题词都是医学与医药方面，而其中医学信息学的比重最大，因此 A 类在命名时结合领域方向和主要内容，命名为医学信息学。

（2）主题词类目较多，又无法取舍其他时，上溯到这些主题词的上一次类目以达到总的概括性。如 E 类和 K 类，这两类是主题词数量较多的类，其中的主题词的比重相差不大，且具有一定的独立性，因此上溯到上一次类目。E 类主题词都是有关图书馆的人员、资源、服务和机构等，因此命名为图书馆系统，而 K 类的主题词主要涉及信息检索、存储、技术、资源管理等，故命名为信息管理与信息系统理论。

（3）对于类别下出现若干差别较大的主题时，总结分析其不同的主题所包含的共同点之处，以此为出发点命名。如 D 类中的主题词包含了计算机网络资源和在线社交网络，同时又包括了医学图书馆和医学，分别代表两个不同的主题方向，因此，在命名时需要对其进行进一步的概括。

根据以上原则，将图书馆情报学的研究大类分别命名为医学信息学、电子资源、信息计量学与出版、网络资源与医学图书馆、图书馆系统、数字图书馆、计算机技术与管理、教育与信息素养、网络信息资源、信息行为与信息共享、信息管理与信息系统理论，共 11 类，各类所包含的主题词及所占的比重如表 3–10 所示。

表 3–10　图书情报学研究分类

类别	比例 %	主题词
A・医学信息学	2.56	医学信息学、医药数据处理、医学记录、医疗保健
B・电子资源	3.07	电子出版、电子出版物、电子期刊、电子书籍、数字媒体
C・信息计量学与出版	6.01	文献计量学、引文分析、书目引文、学术出版、学术期刊、学术交流、出版 & 出版人、开放存取出版
D・网络资源与医学图书馆	3.46	计算机网络资源、医学图书馆、医学、网站评估、在线社交网络
E・图书馆系统	23.42	图书馆、美国、图书馆员、学术图书馆、公共图书馆、高等院校、图书馆用户、图书馆员工、图书馆管理、图书馆公共服务、图书馆财政、图书馆馆藏发展、图书馆参考服务、德国、社团机构、学术图书馆员、会议公约、图书馆与社区、图书馆资源、公共机构、书籍和阅读、资讯科学家
F・数字图书馆	6.43	电子信息资源、数字图书馆、元数据、图书馆自动化、图书馆信息网络、编目、图书馆材料数字化
G・计算机技术与管理	4.45	计算机软件、计算机系统、通信、方法、论技术创新、信息与通信技术、管理、决策制定
H・教育与信息素养	5.69	教育、学生、网络教育、信息素养、英国、图书馆学、信息专业人员
I・网络信息资源	17.06	电子信息资源检索、数据库搜索、互联网搜索、网络搜索引擎、搜索引擎、数据挖掘、Google 公司、万维网、互联网、用户、网站、网络博客、互联网、联机信息服务、在线数据库

续　表

类别	比例 %	主题词
J · 信息行为与信息共享	2.42	信息行为、信息检索策略、信息获取、信息共享
K · 信息管理与信息系统理论	25.43	信息组织、分类、索引、算法、信息检索、信息存储与检索系统、信息科学、说明、文档、信息服务、信息资源管理、信息资源、知识管理、信息技术、电子数据处理、信息理论

（四）战略坐标图分析

战略坐标是 Law 等人于 1988 年提出的，用来描述研究领域内部联系情况和领域相互影响情况。战略坐标为一个二维坐标，横轴表示中心度，纵轴表示密度，坐标的原点是两个轴的中位数或者平均数。密度用来度量各个类别内主题词的紧密程度，表示该类维持自己和发展自己的能力，反映了研究的成熟度。中心度用来度量各个类别主题词与其他类别主题词之间的紧密程度，表示一个学科领域和其他学科领域相互影响的程度，一个学科领域与其他学科领域联系的数目和强度越大，这个学科领域在整个研究工作中就越趋于中心地位，反映研究的核心度越高。战略坐标可以概括地表现一个领域或多个领域的结构，它把每一个研究热点放置到坐标的四个象限中，从而描述各主题的研究发展状况。

根据同一类中主题词同时出现的次数，采用内部连接的平均值算法，可以得出这个主题的密度，采用该类与其他类的外部连接的总和平均值算法，可以得出该主题的中心度，并以中心度为横坐标，密度为纵坐标，取各个类中心度和密度的平均值为原点，就可以绘制出战略坐标图，具体方法如下。

（1）外部连接平均数：在 100 × 100 共词分析表的基础上，计算某一类的中心度，横向保留该类数据行，纵向删除该类数据列，为每一行求和并计算加权平均。

（2）内部连接平均数：在 100 × 100 共词分析表的基础上，计算某一类的密度，横向和纵向都保留该类数据，删除其他类各项数据，为每一行求和并计算加权平均。

（3）将各大类的内部连接和外部连接平均数相加，并再次计算得到外部连接总平均数和内部连接总平均数。

（4）将各类外部连接平均数和内部连接平均数分别减去总平均数，即可得到各类的中心度和密度。

以 A 类为例，计算 A 类的中心度和密度。在 100 × 100 共词表中保留 Medical Informatics、Medical care、Medicine—Data Processing、Medical Records 数据行，并删除相应的数据列，对每一行求和，并计算出 4 个求和项的平均数，得到 376 作为 A 类与其他类的外部连接平均数；保留 A 类所有的数据行和数据列，每行求和并计算平均数 209，得到 A 类的内部连接平均数；以 A ～ K 类所有的外部连接平均数再次平均，计算得到外部连接总平均数 657，内部连接总平均数 255；将 A 类的外部连接平均数减去相应的总平均数，即得到 A 类的中心度 –281，内部连接平均数减去总平均数，得到 A 类的密度 –46。根据密度和中心度的计算方法，绘制出图书情报学研究的战略坐标图。

11 大类散布在四大象限中，具体分布如下。

（1）I、K 在第一象限，即表示网络信息资源、信息管理与信息系统理论是图书情报学研究的中心，发展较为成熟，是当前的研究重点，其中尤其以信息管理与信息系统理论研究的成熟度最高。

（2）E 在第二象限，表示图书馆、图书馆资源及图书馆人这一大类同样是学科的研究重点与核心，但是研究不如 I、K 成熟。

（3）分布在第三象限的有 A、B、C、D、G、J，分别代表医学信息学、电子资源、信息计量学与出版、网络资源与医学图书馆、计算机技术与管理、信息行为与信息共享六大类，占所有类的 50% 以上，第三象限表示的是相对于其他各类，研究处于非核心地位，发展也不够成熟的类。

（4）F、H 分布在第四象限，这两大类分别是数字图书馆、教育与信息素养。它们的密度高，表示其发展已初步成熟，而中心度偏低则表示目前的研究相对处于非核心的状态。

唯物辩证法认为，任何事物、过程和规律都具有相对与绝对两个方面，不可分割，缺一不可。同样，以上各类都是图书情报学近年来的研究重点与热点，都可以作为相应学科方向的研究核心，得到各国学者相当大的关注。它们在战略坐标图上的分布是与其他各类相比较而言的，是相对的，任何分析都是有比较才能看到区别和差距，因此核心与非核心、成熟与非成熟也都是相对而言，不是绝对的。

第四章　图书情报学科知识图谱的数据来源与处理

科学计量学作为定量性很强的专业领域，无论是研究理论还是应用，文献数据都是必不可少的，系统规范的数据资料是计量学进行分析和研究的基础与前提。文献数据的典型性和完善性决定研究成果是否足够科学准确。而我国文献数据的集中点主要在各个学科的研究期刊上，因此，应以确切的具有学科代表性的期刊来界定和研究整个图书情报学的发展。

第一节　图书情报学科知识图谱的数据来源

图书情报学科知识图谱的数据来源有 EBSCO 数据库、期刊文献数据、中文社会科学引文索引（CSSCI）数据库等。

一、EBSCO 数据库

数据来源于 EBSCO 数据库中的 Library, Information Science & Technology Abstracts，简称 LISTA。EBSCO 是一个具有 60 多年历史的大型文献服务专业公司，提供期刊、文献定购及出版等服务，总部在美国，19 个国家设有分部，开发了近 100 多个在线文献数据库，涉及自然科学、社会科学、人文和艺术等多个学术领域。EBSCO 目前提供 15 个数据库的一站式检索，其中包括两个全文库——学术期刊集成全文数据库（Academic Source Complete）和商业资源集成全文数据库（Business Source Complete），以及图书情报学、传播学、教育学、环境学、医学、艺术建筑学等多学科学术及报纸资源。其中 LISTA 收录了学科内 500 多种核心期刊、50 多种重点期刊以及 125 种选择性期刊，还包括了专著、研究型报告和会议论文等等。收录的主题覆盖了图书馆学、分类学、编写目录、书籍装订术、在线信息检索及信息管理等内容，数据库中的文章最早可追溯至 20 世纪 60 年代中期。

一些用户选用 LISTA 数据库的主要原因：首先 LISTA 是图书情报学科的专业

数据库，数据量大而全面；其次，相比较于 *Social Sciences Citation Index*（SSCI），LISTA 拥有规范的主题词表，文献主题都经过了规范化的标引，清晰明确，能够充分体现原文的研究方向和领域。

二、图书情报学期刊

针对图书情报学领域的知识图谱构建，选择合理且权威的数据源是工作的前提。期刊均收录在 Web of Knowledge 平台上 SSCI 数据库的 Information Science & Library Science 类目中，SSCI 中共收录图书情报学领域期刊 67 种，这 67 种期刊基本可以体现图书情报学核心领域的研究情况。由于 SSCI 数据库没有对文献主题进行标引，而文献本身的关键词相对不够规范，不能准确体现其研究方向和领域，因此，本书根据这 67 种 SSCI 图书情报学期刊的 ISSN，在 LISTA 中对这些期刊进行检索并提取出规范化的主题词。LISTA 共收录了其中的 54 种期刊，涵盖了 SSCI 收录期刊的 80%。

主题词的相关检索限定条件：

（1）检索时间：2010 年 1 月～ 2018 年 1 月。

时间跨度为五年半，基本可以涵盖一个学科近期的发展状况和热点。

（2）文献类型：Article。

由于期刊中包含了很多种类型的文献，如 Article、Bibliography、Book、Book Review、Entertainment Review、Interview、Proceeding、Product Review、Report 等，大多数文献类型与学术研究关系不大，因此本书选择文献类型为 Article 的文章作为主要研究对象。

在 LISTA 中选择的 54 种核心期刊的期刊名称、类别、ISSN、影响因子及检索时间段内收录的文献。

按影响因子排列 2010 年 1 月～ 2018 年 1 月 54 种图书情报学核心期刊的基本情况，从中可以看出，近八年半时间中在 LISTA 中有关的图书情报学文献共计 15 323 篇，本书的数据源即来自这 15 323 篇学术文献中提取出的主题词。值得注意的是，Library Journal 所贡献的文献数量达 3 735 篇，占 24.4%，因此，这本期刊对研究结果具有非常大的直接影响力，必须予以特别关注。

Library Journal（简称 LJ）成立于 1876 年，建立者为杜威。LJ 刊登有关图书馆的各种文章，尤其关注公共图书馆。LJ 是图书情报界最古老也是最受关注的出版物，被誉为“图书馆界的圣经”，其读者涵盖图书馆的管理层和运营层，

以及各种公共图书馆、学术图书馆、特殊图书馆的工作人员。对图书馆员而言，LJ 是最全面的专业出版物，覆盖的领域范围包括技术、管理、政策及其他专业研究主题。

三、中文社会学科引文索引（CSSCI）

选择期刊文献数据作为研究数据，通过对文献的检索，发现图书情报学领域论文成果大部分集中于图书情报类期刊，因此本书需要经过严格的筛选和过滤来挑选高质量的刊物作为本书的数据源刊。目前评判刊物质量的标准较多，其中受到广大学者认可的是南京大学中国社科研究评价中心发布的 CSSCI。图书情报学是偏向于人文社科的一门综合学科，因而本书选择具有典型性的 CSSCI 作为期刊来源，经过筛选，最终本书选取 18 种图书情报学核心期刊，具体目录明细如表 4-1 所示。

表 4-1　文献数据来源期刊目录表

期刊名	综合影响因子	期刊名	综合影响因子
图书情报工作	1.365	图书与情报	1.536
图书馆工作与研究	0.689	大学图书馆学报	1.829
图书馆论坛	1.094	图书馆学研究	0.599
情报科学	0.859	情报资料与工作	1.494
图书馆	0.861	现代图书情报技术	0.677
图书馆建设	0.906	中国图书馆学报	3.758
情报杂志	1.084	情报学报	1.347
图书馆杂志	1.036	图书情报知识	1.328
情报理论与实践	0.986	国家图书馆学刊	0.874

目前我国存在的学术文献数据库主要包括五种：一是 CNKI，二是 CSSCI，三是中国科技论文与引文分析数据库（CSTPCD），四是中国科学引文数据库（CSCD），五是中文科技期刊数据库（CQVIP）。

通过对比发现：CNKI 数据库有个别期刊文献没有收录，如《情报学报》；

CSCD 是作为自然科学领域引文索引，而图书情报学偏向人文社科方面，因此也不是很适合；而 CSSCI 数据库的数据信息量大而全，且 18 种核心期刊都收录其中，因此，本书采用 CSSCI 作为文献来源数据库。

另外，需要说明的是，这种选择数据来源的方法存在一定的局限性，主要表现在两个方面：第一，虽然社会这图书情报学对 18 种重要期刊的认可度较高，但仅仅选择这 18 种期刊作为数据来源仍不能完全代表整个学科的研究情况，因为存在部分图书情报论文成果发表在其他刊物的情况。第二，这 18 种图书情报学期刊由于出版周期和刊登文章的数量不一样，导致文献分布不均，以致分析出的结果有一定偏差。

四、图书情报学研究文献知识图谱

数据来自 2012 ～ 2017 年度 CSSCI 图书情报学来源期刊，共计 18 种，如表 4–1 所示。从研究内容、研究方法的角度对原始数据进行人工筛选与剔除处理，最终得到情报学相关论文 18 024 篇。

对收集的原始数据进行 UTF–8 编码并使用 CSSCIREC 软件转换成 CiteSpace 可识别的数据。新建并保存工程，导入转换后的数据，时间跨度为 2000 ～ 2017 年，单个时间分区长度选择“两年”，单个时间分区选择“30 篇高频文献”，其他不变，接下来就可以选择要分析的知识单元，运行工程，生成对应的知识图谱。

（一）作者合著网络知识图谱

随着科研条件的改善，合作研究越来越受到学者的青睐。人与人之间的思想碰撞更容易产生智慧的火花，更容易取得优秀的研究成果。一个合作网络就是众多学者合作研究的关系共同体，通过合作网络的分析可以优化合作模式，为科学合作提供决策支持。

图 4–1 展示了前 100 位高频作者的合作网络，其中 27 位作者没有任务合作关系，这些作者节点在图中不予显示。图中较大节点标示高点度中心性作者，节点之间连线的粗细代表作者合作频次的高低。点度中心性是与一个作者共同出现的关联作者的数量，点度中心性越高，彼此联系就越广，该节点也就处于网络的核心地位。图中郑彦宁点度中心性最高，他和 13 位作者有合作关系，邱均平、李纲、张新民等作者的点度中心性也较为突出，部分作者点度中心性为 1，部分作者没有合作关系。整体来讲，作者合作网络相对稀疏，情报学合作研究仍有较大上升空间。

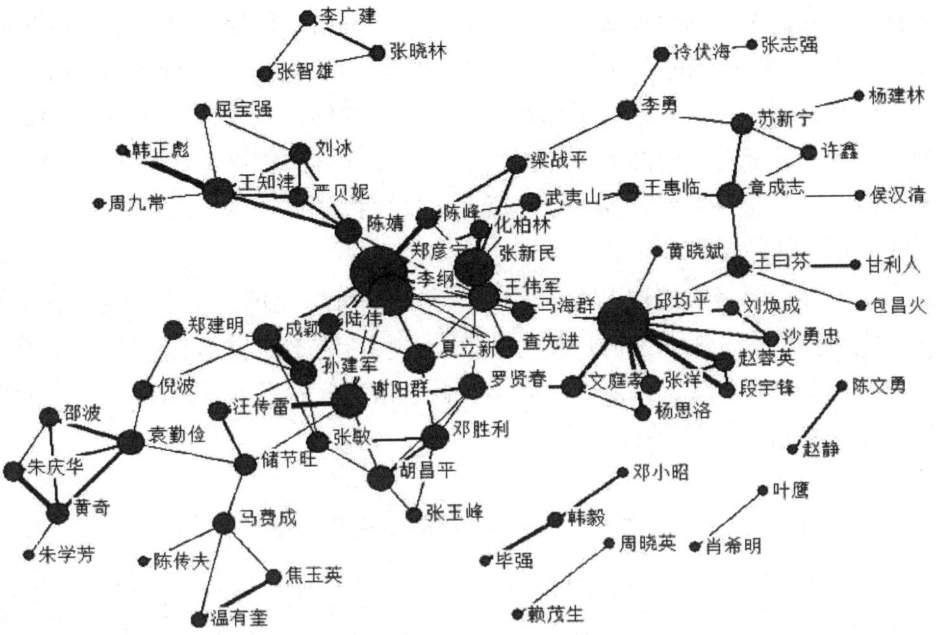

图 4-1　作者合作网络知识图谱

总体来讲，武汉大学、南京大学、中国科学技术信息研究所作者合作研究比较突出，其他机构并未形成较突出的研究群体。图 4-1 中显示了四大武汉大学研究群体：群体一包括邱均平、赵蓉英、文庭孝、杨思洛、段宇锋、张洋，主要研究信息计量学、网络计量学、科学评价、知识图谱等；群体二包括张玉峰、胡昌平、邓胜利、罗贤春，主要研究智能信息系统、信息服务与用户、信息需求与利用等；群体三包括马费成、焦玉英、温有奎、陈传夫，主要研究信息资源管理、网络信息组织与检索、文本知识挖掘、语义网等；群体四包括李纲，主要研究信息资源管理、信息管理与信息系统。武汉大学群体成员中师生关系特别明显，例如邱均平和张洋、邱均平和文庭孝、邱均平和杨思洛，师生合作是情报学科研合作和科研绩效评价中非常值得探究的一种合作关系。

张新民、郑彦宁、梁战平、陈峰、化柏林、武夷山组成了中国科学技术信息研究所研究群体，孙建军、成颖、郑建明组成了南京大学研究群体一，袁勤俭、朱庆华、邵波、黄奇、朱学芳组成了南京大学研究群体二，夏立新、王伟军组成华中师范大学研究群体，王曰芬、甘利人组成南京理工大学研究群体。

综上所述，同一机构成员更易于产生合作关系，情报学科研中同机构合作是主流合作模式，跨机构合作比较零散，难以形成网络。情报学研究也呈现出明显的地域性特征，跨地域的合作相对比较少，还有一些合作是导师和学生间的合作。值得一提的是郑彦宁、李纲、王伟军、夏立新组成的四人合作网络和袁勤俭、朱庆华、邵波、黄奇组成的四人合作网络，四人彼此之间都有合作关系，他们研究领域的相似性与互补性比较强，合作研究更能发挥集体智慧，形成优势互补，产出更好更多的研究成果。

从作者合作网络中选取高合作频次作者对，可以梳理作者之间的合作关系，探寻合作关系背后的科研规律。表 4–2 列出了 14 个高合作频次作者对，可以看出邱均平拥有 5 个合作对，张洋、文庭孝、杨思洛、罗贤春师从邱老师，学成后在各自研究领域崭露头角、施展才华。

表 4–2　14 个高合作频次合作对

合作对	合作次数	合作对	合作次数
孙建军 / 成颖	22	谢阳群 / 汪传雷	11
王知津 / 韩正彪	18	邱均平 / 杨思洛	9
邱均平 / 赵蓉英	17	王知津 / 严贝妮	9
邱均平 / 张洋	13	王知津 / 陈婧	9
朱庆华 / 黄奇	13	邱均平 / 文庭孝	8
邱均平 / 段宇锋	12	毕强 / 韩毅	8
陈峰 / 郑彦宁	12	黄奇 / 袁勤俭	8

孙建军和成颖合作次数最多，合作研究集中在信息素质、信息检索方面，合著论文《信息素质教育研究进展》《国外信息素质研究》《信息检索中的相关性研究》《基于信息检索交互模型的相关性研究》《基于整合理念的信息素质教育》《基于关联理论的信息检索相关性研究——信息生产、标引》《基于关联理论的信息检索相关性研究》等。

王知津和韩正彪的合作研究集中在竞争情报、情报学理论方面，合著论文《基于 4P4C4S 的市场营销竞争情报沙盘演练系统研究》《基于决策树算法的竞争对手识别模型研究》《当代情报学理论思潮：实在论与反实在论》《当代情报学理论研究中的社会认识论思潮》《当代情报学理论思潮：信息哲学》等。

邱均平和赵蓉英的合作研究集中在知识网络、科学评价、网络信息计量学方面，合著论文《知识网络研究（Ⅰ）——知识网络概念演进之探究》《知识网络的类型学探究》《期刊评价指标体系及定量方法研究》《中国高校科研竞争力评价的理念与实践》《世界一流大学及学科竞争力评价的意义、理念与实践》《2012年中国高校创新能力的分析与评价》《网络信息计量学基本问题研究》《网络信息计量学的学科体系研究》等。

邱均平和张洋的合作研究集中在知识管理、网络信息计量学方面，合著论文《论知识管理学的构建》《论竞争情报系统和知识管理系统》《知识管理中的人际情报网络研究》《网络信息计量学综述》《网络信息计量学的兴起及其哲学思考》《网络信息计量学方法论》《网络信息计量学的应用研究》等。

朱庆华和黄奇合作研究集中在数字鸿沟、网站评价方面，合著论文《中国治理数字鸿沟问题的策略分析》《全球数字鸿沟现状分析》《国外数字鸿沟问题研究述略》《学术网站评价指标体系的构建与应用》《层次分析法在博客评价中的应用》等。

邱均平和段宇锋的合作研究集中在链接分析、网站评价方面，合著论文《中美大学网站评价的比较研究》《基于链接分析的网站评价研究》《中国大学网站链接分析及网络影响因子探讨》等。

陈峰和郑彦宁的合作研究集中在竞争情报方面，合著论文《从苹果汁案例看成功应对反倾销指控的竞争情报因素》《产业竞争情报的基本问题：内涵、特征及其多元化供给》《赴湖南省调研竞争情报普及工程开展情况的若干发现》《产业竞争情报的解析》等。

谢阳群和汪传雷的合作研究集中在信息管理方面，合著论文《从国际个人信息管理专题研讨会（ISPIM）看当前个人信息管理研究的热点》《企业危机信息管理问题和对策研究——基于合肥市企业的调查分析》《企业CIO职位的设立与信息机构的建设》《科技型中小企业信息资源管理的问题与对策》《关于企业危机信息管理研究的几个问题》等。

邱均平和杨思洛的合作研究集中在情报学研究、科学评价、引文分析方面，合著论文《改革开放30年来我国情报学研究论文内容分析》《改革开放30年来我国情报学研究的回顾与展望（一）——情报学研究论文的年度分布与期刊分布分析》《基于被引的学术网站评价探析》《中国高校“创新指数”的评价与分析》《基于中英维基百科的网络引文分布分析》等。

王知津和严贝妮的合作研究集中在情报学研究生教育、企业竞争情报方面，合著论文《我国情报学博士研究生教育现状分析》《中美图书情报学研究生教育与培养比较研究：博士研究方向实例分析》《我国企业竞争情报战争游戏解决方案研究》等。

王知津和陈婧的合作研究集中在企业竞争情报方面，合著论文《竞争情报战争游戏系统分析与开发》《基于固定场所的企业竞争情报作战室的设计与实施》等。

邱均平和文庭孝的合作研究集中在情报学研究、科技奖励、科学评价方面，合著论文《2003 年国内外情报学研究新进展》《2004 年国内外情报学研究重点及其演进》《我国科技奖励工作和研究的现状与趋势》《我国 2000 ～ 2004 年国家科技奖励项目的计量分析》《科技奖励的追求：规范化》《论科学评价理论研究的发展趋势》《对科学评价作用与价值的再认识》《科学评价中的计量学理论及其关系研究》等。

毕强和韩毅的合作研究集中在数字图书馆、知识组织方面，合著论文《国外基于网格技术的数字图书馆结构体系比较研究》《在知识环境下数字图书馆知识空间构建研究》《语义网格环境下数字图书馆知识组织的语义互联策略研究》《语义 Web 门户知识组织的策略与应用研究》《下一代数字图书馆知识组织》等。

黄奇和袁勤俭的合作研究集中在数字鸿沟、电子商务方面，合著论文《影响美国数字鸿沟的因素分析》《中国治理数字鸿沟问题的策略分析》《全球数字鸿沟现状分析》《电子商务的发展历程及其现状》等。

现代科学研究早已突破时间、地域、学科等许多限制，科技发展日新月异，科学交流与合作显得尤为重要。没有哪个研究者闭门造车还能走在同行前列，没有哪个学者不希望与国外同行交流合作，因为故步自封只能导致封闭落后，合作研究才能实现共赢发展。因此，越来越多的国内学者在加强对内合作的同时，积极参与国外科研项目协作，不断创新科研合作模式，以更加开放的姿态拥抱合作机遇，迎接知识爆炸带来的巨大挑战。

合作率与合作度是科研合作程度的一个量化指标，合作率代表合作研究的论文数量所占百分比，合作度代表单篇论文的平均作者数量，它们分别从广度和深度上反映出合作程度，两者结合起来可为科研绩效的评价，为科技政策的制定，为科研项目的实施提供可供参考的信息和量化指标。

从图 4–2 可以看出，合作率与合作度呈现整体稳定上升、偶尔波动下降的趋势，合作化程度越来越高，合作化趋势越来越明显。合作率在 2012 年突破 60.00，2016 年更高达 68.33，合作度在 2015 年突破 2。情报学研究的较高合作率与合作度，与大科学时代背景、信息技术发展、学科特点等都有一定关系，这从一个侧面也反映出情报学当前良好的发展态势。

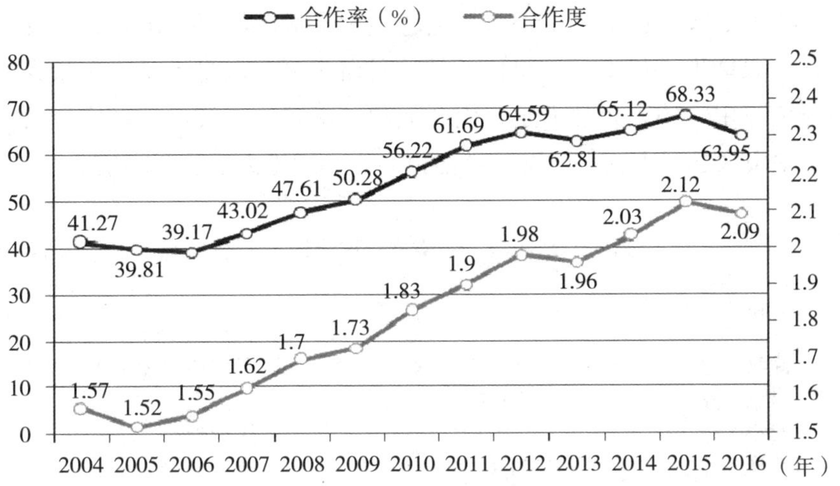

图 4-2　合作率与合作度年度分布曲线

（二）机构合作网络知识图谱

我国情报学研究机构共现知识图谱如图 4-3 所示，图中节点标示机构名称、节点大小与机构合作频次成正比，节点中各色圆环标识相应的机构合作年份。

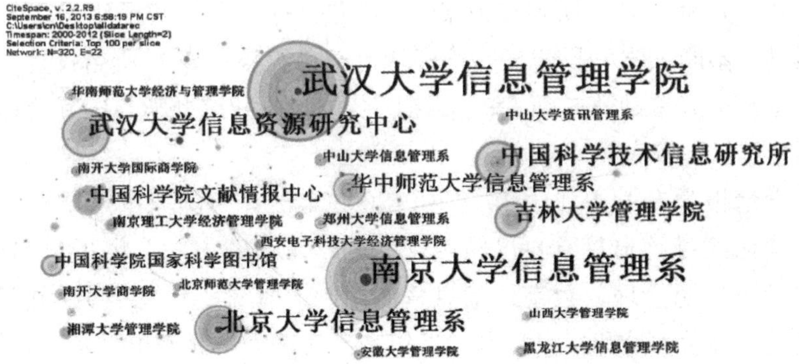

图 4-3　机构共现知识图谱

根据 CiteSpace 统计的节点频次信息，武汉大学信息管理学院、南京大学信息管理系、武汉大学信息资源研究中心、北京大学信息管理系、中国科学技术信息研究所、吉林大学管理学院、华中师范大学信息管理系、中国科学院文献情报中心、中国科学院国家科学图书馆、湘潭大学管理学院位列前 10 名。

表 4–3 中机构名称均为第一机构名称。发文量能够在一定程度上反映出机构研究产出成果能力，代表了该机构的整体科研水平。武汉大学、南京大学、北京大学位居前三甲，此外吉林大学、南开大学、中国科学技术信息研究所、华中师范大学、中山大学、中国科学院文献情报中心、湘潭大学排名靠前。

表 4–3　高产机构统计

机构	发文量	机构	发文量
武汉大学	1 701	中国科学院国家科学图书馆	197
南京大学	908	南京理工大学	191
北京大学	527	浙江大学	176
吉林大学	485	华东师范大学	170
南开大学	435	黑龙江大学	167
中国科学技术信息研究所	403	华南师范大学	160
华中师范大学	339	上海大学	158
中山大学	333	郑州大学	154
中国科学院文献情报中心	287	大连理工大学	154
湘潭大学	212	四川大学	147

武汉大学、南京大学、北京大学一直是国内情报学研究的风向标。究其原因主要有以下几个方面：① 三所名校情报学专业创建时间早、底子厚；② 三所名校坚持与时俱进，不断加强学科建设，培育特色学科优势；③ 三所名校重视师资队伍建设，学术带头人带动效应强大；④ 三所名校坚持开放办学与国际合作，科研交流和科研合作水平较高。

武汉大学情报学专业始建于 1978 年，2002 年被评为国家重点学科。目前武汉大学情报学已经凝练出具有自己特色优势的学术研究方向：情报学理论方法、信息经济与信息资源管理、数字化信息资源组织与检索、信息服务与信息保障、情报系统建设、科学评价和信息计量。近年来，武汉大学涌现出马费成、胡昌平、邱均平、李纲等一批情报学学术带头人，其中马费成教授是信息经济与信息资源管理研究主要学术带头人，胡昌平教授是信息服务与信息保障研究主要学术带头人，邱均平教授是信息计量与科学评价研究主要学术带头人，李纲教授是竞争情报与知识管理研究主要学术带头人。

南京大学情报学仅次于武汉大学，2007 年被评为国家重点学科。2000 年南京大学信息管理系成立中国社会科学研究评价中心，成功开发 CSSCI 数据库。2011 年南京大学信息管理系成功加入全球图书情报学院联盟，标志着南京大学雄厚的师资教育水平得到了国际同行的广泛认可。同时，南京大学以开放的姿态参与全球学术交流与分工协作，必将推动情报学科的深入发展。近年来，南京大学涌现出沈固朝、苏新宁、孙建军、朱庆华等一批情报学学术带头人。

北京大学情报学专业始建于 1985 年，现为北京市重点学科。北京大学信息管理系下设研究机构有信息资源管理北京研究基地、信息化与人类信息行为研究所、北京大学信息传播研究所、信息管理系实验室。“情报学与信息管理论坛”是北京大学信息管理系的一大特色，近年来，北京大学涌现出赖茂生、李广建、陈建龙、李国新等一批情报学学术带头人。

综合图 4–3 和表 4–3，我国情报学研究核心力量集中在高校管理院系和一流研究院所。高校管理院系以管理学院、信息管理院系为主；一流研究院所包括武汉大学信息资源研究中心、中国科学技术信息研究所、中国科学院文献情报中心、中国科学院国家科学图书馆。从地域上来讲，我国情报学研究核心机构集中分布在华北、华中、华南、华东四个地区，西部地区研究机构实力相对薄弱，这与教育资源区域分布不均有一定关系 . 西部地区研究机构一定要加强内外交流与合作，共享优质资源，不断取长补短，实现学科发展的跨越式前进。

（三）关键词共现知识图谱

我国情报学研究关键词共现知识图谱如图 4–4 所示，图中节点标示关键词，节点大小与关键词出现频次成正比，节点中各色圆环标示相应的出现年份。

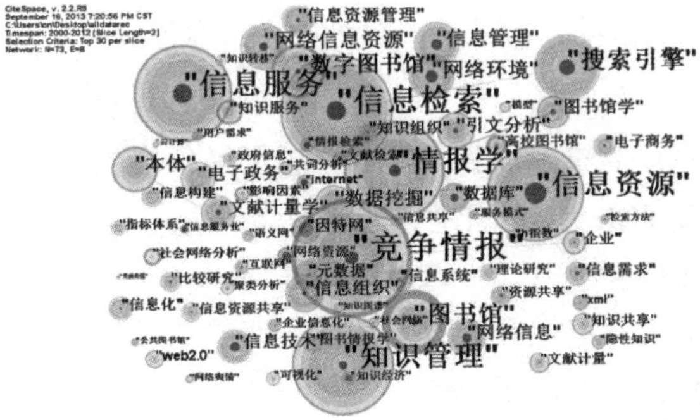

图 4–4　关键词共现知识图谱

关键词凝练了一篇文章的精华，在一定程度上反映了一篇文章的主旨，通过分析关键词的词频信息可以识别研究领域的知识关联、研究热点，并对研究前沿进行学预测。根据 CiteSpace 统计的节点频次，竞争情报、信息检索、知识管理位列前三名，情报学、信息资源、信息服务、搜索引擎、图书馆、数字图书馆、网络信息资源也排名靠前，它们的出现频次均高于 300。其他出现频次高于 200 的关键词还有网络环境、本体、信息管理、数据挖掘、网络信息、信息组织、引文分析、文献计量学、电子政务、信息技术、信息资源管理、图书馆学。

竞争情报是出现频次最高的关键词，它和许多研究热点领域都有千丝万缕的联系，应用领域非常广泛。竞争情报是组织为趋利避害、调整竞争策略、保持竞争优势而获取的用于监测竞争对手的组织内外信息的统称。竞争情报活动具有竞争性和针对性的特点，它密切关注外部竞争环境，关注竞争对手动向，在法律许可条件下不惜一切手段获取竞争对手信息，为组织科学决策、超越竞争对手提供情报支撑。竞争情报具有时代性和发展性的特点，一直以来都是情报学学者孜孜以求、不断创新的研究课题。当前我国竞争情报研究领域集中在六大方面：一是企业竞争情报研究，包括企业竞争情报系统、企业竞争力、企业危机管理等；二是国家竞争情报研究，包括国家竞争情报、反倾销等；三是反竞争情报研究；四是竞争情报与知识管理研究；五是竞争情报工具与方法研究，包括人际网络、SWOT 分析、战争游戏、情景分析、专利地图、SPSS 等；六是竞争情报教育研究。企业竞争情报对应微观层面，产业竞争情报对应中观层面，国家竞争情报对应宏观层面，竞争情报已经成为各个层面必备的信息来源。Web 日志挖掘、专利地图、技术路线图、云计算、共链分析等是当前竞争情报研究的热点。当前竞争情报研究视野更加宽广，移动互联网、大数据、自媒体等许多领域都能发现竞争情报的影子。大数据环境下情报分析方法与工具集成研究、大数据时代情报数据融合与分析技术研究等是当前竞争情报研究的前沿课题。

信息检索也是情报学非常热门的一大研究领域，它具有跨度大、范围广的特点，与信息资源管理的其他领域都有密切联系，涉及信息资源、信息技术、信息组织、信息服务等多个方面。搜索引擎、信息检索模型与算法、多媒体信息检索、跨语言信息检索、智能信息检索、自然语言处理与语义本体是近年来信息检索研究的热点。信息检索中用户建模和推荐系统、交互检索系统、协同检索行为、社会检索是当前信息检索研究的前沿课题。

知识管理也是情报学非常热门的一大研究领域，它是信息管理发展新阶段的产物，与知识组织、知识服务、知识共享、知识关联等有密切联系。知识管理是把信息转化为知识，把知识转化为资产，是实现知识资产价值最大化的有效途径，被广泛应用到现代组织管理中。知识的转移与成长、发现与挖掘、共享与集成是近年来知识管理研究的热点课题。面向大数据的知识组织方法体系及其应用模式研究、大数据环境下知识的自组织机制研究、社交网络中基于用户的知识组织研究、信息消费与知识产权研究等是当前知识管理研究的前沿课题。

通过关键词的梳理可以发现我国情报学研究从信息资源、网络信息资源、信息管理到信息资源管理，网络信息资源管理是研究视角的转变与研究内容的拓展，情报学一直都处在不断变革之中，互联网信息技术的发展对情报学变革的塑造作用越来越强。

情报学与图书馆学学科间交叉现象越来越多，数字图书馆作为图书馆学研究热点同时也是情报学的研究热点。电子商务、电子政务的兴起、繁荣代表了情报学电子化、网络化的发展趋势。信息需求与信息服务是情报学一直关注终端信息用户的体现，如何更好地理解用户需求，如何更好地提供服务始终是学者关注的问题，信息推送服务就是其中一个典型。从文献计量学到信息计量学再到网络信息计量学，网络对情报学的塑造功能不断加强，计量分析方法也从词频分析发展到引文分析再到链接分析。

高频关键词是某个年段中出现频率最高的关键词，它能很好地反映某一领域的关注热点。对 2007 ～ 2017 年论文关键词进行词频统计，按词频高低顺序进行排列，得到表 4–4 所列的各年度高频关键词。

表 4–4　高频关键词年度统计

年份	高频关键词
2007	信息检索、信息资源、信息服务、竞争情报、搜索引擎、因特网、情报学、信息技术、网络环境、网络信息、网络资源、信息管理、知识经济、情报检索、图书馆学、Internet、信息服务业、网络信息资源、信息资源管理、数据库
2006	信息资源、信息服务、搜索引擎、信息检索、因特网、情报学、竞争情报、网络环境、信息管理、知识管理、网络信息资源、数据库、图书馆、网络信息、Internet、数字图书馆、引文分析、知识经济、图书馆学、元数据
2007	搜索引擎、信息检索、知识管理、网络环境、信息服务、情报学、图书馆、网络信息资源、因特网、数据库、数字图书馆、信息技术、竞争情报、信息资源、企业、图书馆学、网络信息、Internet、元数据、信息资源管理

续 表

年份	高频关键词
2008	信息检索、信息资源、信息服务、情报学、竞争情报、网络信息资源、知识管理、搜索引擎、数字图书馆、信息组织、网络环境、信息管理、数据库、网络信息、图书馆、数据挖掘、图书馆学、信息技术、因特网、文献计量学
2009	信息检索、信息资源、知识管理、信息服务、搜索引擎、竞争情报、情报学、网络信息资源、网络环境、网络信息、信息组织、数字图书馆、元数据、数据挖掘、信息管理、信息资源管理、信息构建、数据库、图书馆、文献计量学
2010	信息检索、情报学、知识管理、信息资源、竞争情报、信息服务、搜索引擎、数字图书馆、信息管理、信息资源管理、网络信息资源、电子政务、信息组织、数据挖掘、图书馆学、网络信息、图书馆、网络环境、信息化、信息技术
2011	竞争情报、知识管理、信息检索、信息资源、信息服务、本体、情报学、搜索引擎、电子政务、信息组织、网络信息资源、数据挖掘、数字图书馆、信息管理、图书馆、文献计量学、网络环境、信息化、知识组织、元数据
2012	知识管理、竞争情报、情报学、信息检索、信息服务、本体、信息资源、搜索引擎、信息管理、数据挖掘、电子政务、数字图书馆、Web2.0、知识组织、引文分析、信息系统、知识共享、信息组织、信息资源管理、信息可视化
2013	竞争情报、知识管理、情报学、信息检索、信息服务、信息资源、本体、电子政务、数据挖掘、文化信息资源共享工程、图书馆、搜索引擎、信息资源共享、知识共享、信息化、网络信息资源、Web2.0、数字图书馆、信息共享、政府信息
2014	竞争情报、情报学、知识管理、本体、信息资源、图书馆、信息服务、引文分析、信息检索、Web2.0、理论研究、信息资源管理、h 指数、信息组织、文献计量学、信息共享、研究进展、社会网络分析、知识服务、电子政务
2015	竞争情报、知识管理、信息服务、信息资源、情报学、本体、引文分析、图书馆、企业、电子政务、知识管理、数据挖掘、知识共享、h 指数、信息检索、Web2.0、数字图书馆、模型、可视化、网络舆情、知识图谱
2016	情报学、竞争情报、社会网络分析、知识管理、图书馆、数字图书馆、共词分析、信息服务、本体、聚类分析、知识共享、模型、引文分析、信息检索、企业、知识转移、信息资源、文献计量学、知识服务、h 指数
2017	图书馆、竞争情报、高校图书馆、数字图书馆、情报学、信息服务、社会网络分析、知识服务、本体、知识管理、信息资源、公共图书馆、企业、网络舆情、知识图谱

表 4–4 从时间维度统计了 2007 ～ 2017 年度高频关键词，通过年度统计可以

对关键词进行横向分析与纵向分析。笔者通过年度关键词的对比分析发现部分研究热点的演变规律：竞争情报、信息检索、知识管理、信息资源、信息服务是持续的热点研究领域，2004 年左右信息构建迎来研究热潮，2005 年左右电子政务迎来研究热潮，2006 年左右本体成为关注热点，2007 年 Web2.0、知识共享、信息可视化受到追捧，2008 年文化信息资源共享工程备受瞩目，2009 年 h 指数、社会网络分析星光闪耀，2010 年网络舆情、知识图谱引人注目，2012 年公共图书馆成为情报学研究一大亮点。

从信息构建、本体、Web2.0、知识共享、信息可视化、文化信息资源共享工程、h 指数、社会网络分析、网络舆情、知识图谱、公共图书馆这些词汇可以看出情报学者对信息的执着追求与不懈探索，从零碎信息、零散信息到共享信息、可视化信息，从被动接受信息到主动创造信息，用户日益增长的信息需求得到了满足。

信息的展示方式与信息内容同样重要，信息构建强调如何让信息清晰化以更好地被用户理解，根本目的在于方便用户获取、接受和使用信息，实际上体现了一种“以人为本”的用户至上理念。信息构建研究极大地拓展了情报学研究领域，它对信息组织、信息检索、信息挖掘、知识管理、信息生态等诸多方面都有重要影响。

本体具有良好的概念层次结构且逻辑性比较强，能够满足用户对信息和知识的深度需求，在信息检索、系统建模、数字图书馆、语义网诸多领域均有广泛应用。

Web2.0 的最大特点是注重人机交互，用户不再局限于通过浏览器被动获取信息，用户可以施展才华，创造自己的独特信息并在很短时间内传播分享信息。

h 指数巧妙地将数量指标和质量指标结合在一起，具有对被引频次和发文量两个指标的制衡的优点，运用 h 指数评价科研论文质量相对科学合理。

网络舆情是网络信息生态的一种体现，是用户信息传播、思想碰撞的必然结果，网络舆情具有自由性、交互性、多元性、偏差性和突发性的特点，网络舆情监测是保障信息安全、维护互联网信息生态平衡的重要环节。

“十三五”期间，国家大力推进城乡一体化的公共图书馆服务体系建设，公共图书馆是文化信息资源共享工程非常重要的一环，它有助于推进信息资源走进千家万户，缩小城乡“数字鸿沟”，保障信息公平，推动社会主义文化大发展大繁荣。

（四）关键词突现知识图谱

利用 CiteSpace 软件中提供的膨胀词探测（Burst Detection）技术和算法，通过考察词频的时间分布，将其中频次变化率高的词（Burst Term）从大量的主题词中探测出来，并根据词频的变动趋势，而不仅仅是频次的高低，来确定情报学研究的前沿领域。

从图 4–5 中可以看出频次变化率较高的一些主题词，其中近几年频次变化率较高的有知识图谱、网络舆情、知识服务、知识转移、关联数据、公共图书馆、信息行为、微博、产业竞争情报、结构方程模型、专利、信息生态系统、学科服务、科学计量学，通过这些突现词我们可以识别情报学的前沿课题，预测情报学未来的研究趋势与研究方向。

网络舆情是由于各种事件的刺激而产生的通过互联网传播的人们对于该事件的所有认知、态度、情感和行为倾向的集合。网络舆情与网络信息传播与演化规律、信息法学、信息行为、信息服务、信息公开、竞争情报有密切联系，网络舆情是 Web2.0 下情报学研究的崭新领域。根据新媒体时代舆情传播的新特点，我们要创新舆情引导机制，提升政府舆论监督能力，完善新媒体时代我国政府信息公开制度，加强网络执政能力，有效进行网络舆情引导，提升舆情危机的应急处理能力。

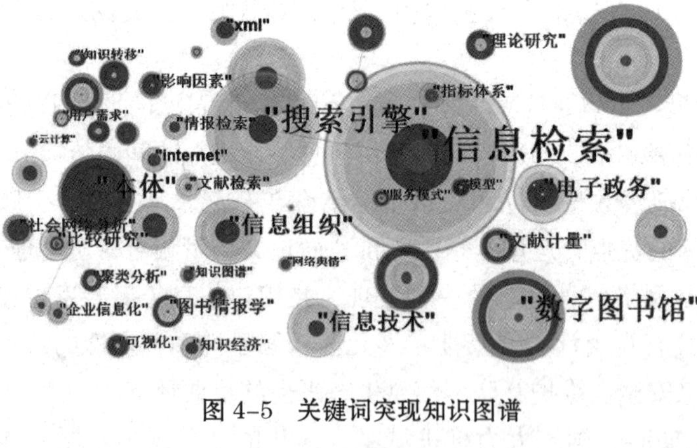

图 4–5　关键词突现知识图谱

从信息服务走向知识服务是情报学把握发展机遇、拓展发展路径的生动体现。用户行为研究、知识组织与检索、数据挖掘与知识发现、信息分析与决策、信息系统开发与知识推荐、知识可视化、知识产权服务等研究领域备受学者关注。知识服务由来已久，但真正的知识服务技术是最近几年才出现的，包括移动计算、社会计算、云计算、大数据四项颠覆性技术。进入2014年，作为国内信息内容服务行业的先行者，万方数据认为："以数据为核心的智慧化信息服务成为未来信息服务业的发展方向。"大数据环境下，企业的信息资源难度加大，面临着诸多新问题，例如数据量庞大、质量难以控制、技术要求更高、信息安全风险增大等。企业渴望信息服务产品向资源集成、资源整合、知识服务、情报服务发展，渴望资源提供商提供专业化、个性化的行业信息服务产品，以满足企业多样化的信息需求。基于此，万方数据于近期推出重力打造的企业知识服务平台，将为用户带来大数据时代的全新知识服务体验，满足机构、个人多元化的产品需要和服务水平。此平台属于万方数据多年致力于企业信息资源建设领域的阶段性成果，受到业内广泛关注。

随着知识经济时代的到来，知识管理已越来越受到人们的重视，而知识转移作为知识管理的核心部分，更是备受关注。知识转移通过知识在组织内的合理流动促进知识共享，加强组织成员对知识的管理能力，促进知识资源内化为组织的宝贵财富，为提升组织的知识结构发挥着重要作用。影响企业内知识转移的因素有知识的隐性特征、知识发送方态度和能力、知识接收方的吸收能力。要克服以上障碍，大型企业在知识管理中，需要通过以下途径促进知识的转移：建立企业内知识转移的多重通道，在组织内构建知识交换机制，建设促进知识共享的企业文化，及时对知识转移活动进行评价。在法国，知识转移在许多正式和非正式组织中都得到了广泛的应用，国内情报学者对知识转移的研究主要从图书馆和企业两大主体切入。

关联数据通过网络把以前没有关联的相关数据连接在一起，或者通过网络降低现有关联数据的门槛，它允许用户发现、关联、描述并再利用各种数据，是和万维网的发明一样的巨大变革。基于关联数据的知识发现、知识资源聚合及相关技术和应用的研究非常时髦。图书馆资源组织中的数据关联机制研究、基于关联数据的数字图书馆动态服务组合研究等是前沿研究课题。

公共图书馆是传播教育、文化和信息的一支有生力量，是促使人们寻找和平和精神幸福的基本资源。公共图书馆是政府举办的公益性文化事业单位，是开展公共文化服务的重要场所，是保障人民群众基本权益的重要阵地。构建覆盖全社会的公共图书馆服务体系，切实贯彻公共图书馆免费开放政策，推动现代信息技术在公共图书馆的应用，加强公共图书馆服务创新，打造具有亲和力的公共图书馆是大势所趋、人心所向。我国现代意义上的图书馆尤其是公共图书馆的发展方兴未艾，但尚不能满足大众精神文化生活的需求。在大力推进文化体制改革的宏观背景下，公共图书馆文化产业研究具有很强的实践价值。公共图书馆弱势群体服务、公共图书馆政府信息公开、公共图书馆阅读推广、公共图书馆营销推广、公共图书馆资源建设等深受图书情报学者关注。

了解用户信息需求，把握用户信息获取与信息利用规律，关注用户行为与用户心理是数字环境下用户研究的重要内容。准确把握用户信息行为，有利于挖掘用户潜在信息需求，改进服务思路，优化用户信息体验，提升用户信息满意度。网络用户信息搜索认知模型研究、移动互联网用户信息利用行为研究、网络信息资源的用户评价与分享行为研究等是前沿研究课题。

虚拟社区中信息传播与演化规律是情报学当前需要研究的一个前沿课题。微博是当前互联网信息传播的主要媒介，网络谣言、政务微博等是大家关注的热门话题。中国政府网腾讯官方微博上线，河南人民法院微博直播公开庭审，政务微博迎来发展热潮。一些学者从微博信息传播属性、微博信息公开与信息服务、微博人际关系网络、微博用户共享行为、微博竞争情报、微博信息污染与信息生态等方面做了情报学意义上的探讨。

产业竞争情报是一种竞争情报，产业竞争情报对企业竞争情报和国家竞争情报有着举足轻重的作用。我国许多省份都设立了专门的产业竞争情报中心，这些产业竞争情报中心根据竞争情报理论和分析方法，围绕新型工业化重点产业，直接利用竞争情报网络协作平台进行信息采集，对国内外主要竞争对手和市场环境及政策环境进行分析，并提出适合当地产业经济发展的战略决策建议。

结构方程模型是一种与因果关系相关的模型方法，它在分析各项指标的关系中发挥独特作用，能够清晰地理顺整体指标与细化指标的关联关系，化繁为简，去伪存真，让信息评价回归本来面目。结构方程在图书情报领域的应用主要有图书馆满意度测评、精品课程网站满意度测评、管理信息系统满意度测评、政府信息公开满意度测评、电子政务满意度测评等满意度测评与绩效评价相关领域。

专利情报、专利分析对企业战略决策的支撑意义重大，专利资源的挖掘利用为战略性新兴产业的发展提供了重要机遇。国内情报学者从专利影响力、专利综合评价系统、专利技术生命周期、专利技术发展趋势、专利技术分布、专利情报分析指标体系、专利情报分析方法、专利情报分析工具、专利情报分析的应用等方面进行了大量研究。

良好的信息生态系统对塑造信息生态、维护信息生态平衡起着至关重要的作用，企业在信息化建设中遇到的信息孤岛、业务系统与流程管理和优化不兼容的问题就是企业信息生态失衡的缩影。吉林大学靖继鹏教授提出信息生态系统建设要遵循生态平衡的自然法则，系统本身要有良好的扩展性并与组织功能兼容，保持系统内环境的良性循环不仅需要企业的合理布局与规划，还需要政府加强政策引导，系统的运转要突出人性化特色，完善顶层设计，加强系统集成，促进信息共享，推动知识转移，妥善协调好系统各要素真正为组织服务。

学科服务是图书馆优化用户服务、提升服务质量的重要举措。学科服务以用户为中心，坚持以人为本，主动帮助用户更好更快获得所需信息，是图书馆创新服务形式的一次成功探索，这种人性化、个性化的服务极大提升了用户满意度。图书馆要积极开展各种文献信息的推介活动，方便读者理解和接受现代化的信息服务方式；优化文献结构，根据读者需求特点，加强数字图书馆建设；加强教学科研的嵌入服务，构筑“学科馆员 – 信息教授”的交流服务模式。开展特色服务和重点用户服务，以高端人才、学科带头人、科研人员、教师、博士和硕士研究生等为重点，开展科技项目咨询及成果查新、论文收录及引用查证、专题 / 定题检索等高层次的信息服务，帮助科研人员及时跟踪科研发展的最新动态以及自身科研成果被关注的程度；为适应学校重点学科建设需要创建特色数据库，使文献信息服务更加贴近读者、更加贴近教学科研。

科学计量学是国内外学者始终坚守并不断拓展的研究领域，经过多年的理论与应用研究积淀，科学计量学已形成自身的结构体系，并在分析方法上不断推陈出新，现已成为科学学研究中的一个重要分析工具。侯海燕、刘则渊、栗春娟通过绘制知识图谱，界定出了七大科学计量学前沿课题：引文理论、科学交流与基础科研评价，科学知识图谱，科学合作，文献计量学经典定律和信息计量学，科学活动评价和科学计量指标，科学与技术的关系，科学研究的动力。

五、图书情报学研究被引文献知识图谱

（一）期刊共被引知识图谱

我国情报学研究期刊共被引知识图谱如图 4–6 所示，图中节点标示期刊名称，文字大小与期刊被引量成正比。图 4–6 出现的情报学高被引期刊大都是图书情报学、计算机科学、科学学领域的高影响力期刊。现代网络环境下，情报学学科外延不断拓展，学科交叉融合更加明显，《计算机工程与应用》《计算机工程》《计算

机应用研究》《计算机研究与发展》《计算机科学》《科学学研究》等计算机类代表性期刊深受我国情报学者青睐。

图 4–6 出现了一些国外图书情报学高质量期刊，其中 *Scientometrics*（《科学计量学》）是世界科学计量学的顶级权威刊物，该期刊是荷兰的一种定量研究科学学、科学交流和科学政策方面的国际期刊，在计算机领域和图书情报领域影响力很强。*Journal of the American Society for Information Science and Technology*（《美国信息科学与技术学会杂志》）主要探讨信息科学的理论与应用，反映最新进展，涉及计算机技术、运筹学、图书馆学、通信、管理、信息的存储与检索、复印和系统设计。*Information Processing and Management*（《信息处理与管理》）主要刊载信息处理、传播、贮存、利用、检索和管理，包括计算机和自动化技术在图书馆信息工作中的应用以及信息政策等方面的研究论文、评论和简讯。*Journal of Documentation*（《文献资料工作杂志》）涵盖了信息科学的广大领域，包括了所有涉及记录信息的学术和专业学科。

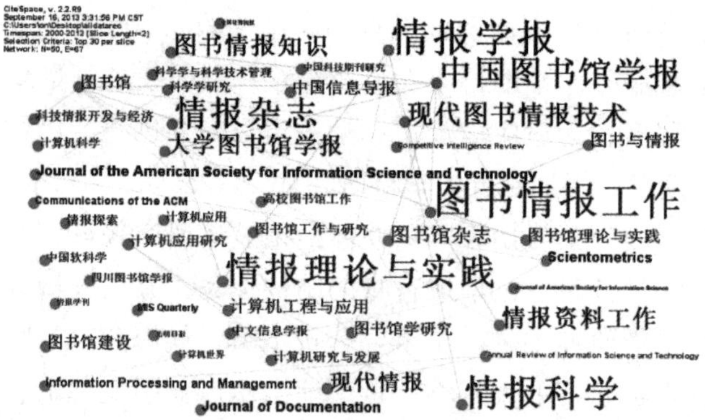

图 4–6　期刊共被引知识图谱

期刊是学科研究内容最重要的载体，期刊载文量是期刊论文发表数量的一个表征，期刊被引量是期刊论文被引数量的一个表征。因为期刊载文量与期刊影响因子、发刊周期、稿费酬劳等因素有一定关系，所以用载文量来衡量期刊并不足以说明全部问题。期刊被引量不同于期刊载文量，它在相当大的程度上反映出期刊论文的质量与影响力。

表 4–5 反映出我国情报学论文集中发表在情报学期刊和图书馆学情报学两栖期刊上，《情报学报》《图书情报工作》《情报科学》是学者引用最多的三个期刊，

《中国图书馆学报》和《大学图书馆学报》是学者引用最多的两个图书馆学期刊。

表 4–5　高载文期刊与高被引期刊统计

期刊	载文量	被引量	期刊	载文量	被引量
情报杂志	3 374	2 483	中国图书馆学报	385	2 193
图书情报工作	3 104	3 117	图书馆理论与实践	315	527
情报科学	2 883	2 743	图书馆论坛	302	805
情报理论与实践	2 136	2 629	图书馆杂志	282	826
情报学报	1 409	3 198	图书馆工作与研究	226	370
现代图书情报技术	1 019	1 419	图书馆	138	575
情报资料工作	994	1 195	大学图书馆学报	133	1 178
图书情报知识	704	1 211	图书馆建设	77	546
图书与情报	469	611	国家图书馆学刊	30	2

（二）作者共被引知识图谱

我国情报学研究作者共被引知识图谱如图 4–7 所示，图中节点标示作者，节点大小与作者被引频次成正比，节点中各色圆环标示相应的作者被引年份。

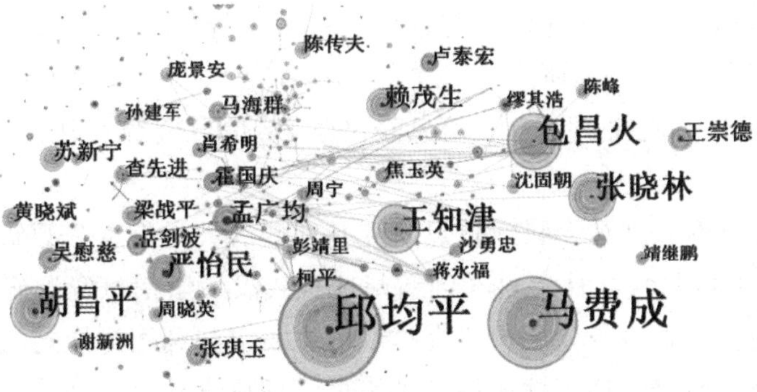

图 4–7　作者共被引知识图谱

根据 CiteSpace 统计的节点频次，邱均平、马费成、包昌火、胡昌平、张晓林、王知津、严怡民、赖茂生、孟广均、苏新宁位列前 10 名，如表 4–6 所示。作者发文量、被引量是衡量作者学术水平的重要参考因素，图 4–7 和表 4–6 清晰展示了我国情报学研究的杰出学者，其中武汉大学占据 5 席，包括邱均平、马费成、胡昌平、严怡民、张玉峰。

表 4-6　高产作者与高被引作者统计

高产作者	发文量	高被引作者	被引量
邱均平	197	邱均平	789
王知津	135	马费成	706
张玉峰	92	包昌火	431
毕强	90	胡昌平	395
朱庆华	84	张晓林	381
马海群	81	王知津	380
马费成	69	严怡民	300
冷伏海	64	赖茂生	257
孙建军	63	孟广均	233
苏新宁	62	苏新宁	206

邱均平是武汉大学信息管理学院教授、博士生导师，中国科学评价研究中心主任，《图书情报知识》杂志副主编。他在文献计量学、科学计量学与网络计量学、科学评价与大学评价、信息管理与知识管理、经济信息与竞争情报诸多方面有精深研究，代表性著作有《文献计量学》《信息计量学》《网络数据分析》《知识管理学》《大学评价与科研评价》等。

马费成是武汉大学信息管理学院教授、博士生导师，教育部人文社会科学重点基地武汉大学信息资源研究中心主任。他在信息经济、信息资源管理诸多方面有精深研究，代表性著作有《信息经济学》《信息资源管理》《信息管理学基础》等。

胡昌平是教育部人文社会科学重点研究基地武汉大学信息资源研究中心副主任，国家“985 工程”哲学社会科学创新基地、武汉大学信息资源研究创新基地项目负责人。他在信息服务与用户研究、以信息需求与利用为导向的信息管理理论方面的研究享有盛誉，代表性著作有《信息管理科学导论》《信息服务与用户》《信息服务与用户研究》等。

严怡民是武汉大学信息管理学院教授、博士生导师。他在情报学理论研究方面很有建树，代表性著作有《情报学概论》《现代情报学理论》《情报学基础》《情报系统管理》《情报学研究导论》等。

张玉峰是武汉大学信息管理学院教授、博士生导师，在智能信息处理与知识管理的基本理论与技术，智能信息系统设计、开发、应用案例方面有精深研究，填补了国内该领域研究的空白，并从 1989 年起为本科专业开设了有关课程，开创了智能信息系统教育的新领域，代表性著作有《智能情报系统》《智能信息系统》，其显著的学术成就和光辉业绩被载入《世界名人录》（中国卷）大型权威辞书中。

另外，我国杰出情报学者还包括包昌火、张晓林、王知津、赖茂生、孟广均、苏新宁、毕强、朱庆华、马海群、冷伏海、孙建军、王崇德、吴慰慈、张琪玉、岳剑波、梁战平、霍国庆、黄晓斌、查先进、卢泰宏、陈传夫、柯平、焦玉英、周晓英、谢新洲、肖希明、缪其浩、沙勇忠、蒋永福、陈峰、黄如花、秦铁辉、娄策群、温有奎、吴建中、刘军等。

包昌火是中国科技情报学会竞争情报分会名誉理事长，主要从事国防科技和情报研究的关键技术和发展战略研究、竞争情报研究，是我国情报研究方法论建设和竞争情报应用的主要倡导者之一。主编《情报研究方法论》“竞争情报丛书”“信息分析丛书”等多部著作，专著《企业竞争情报系统》《竞争对手分析》和《竞争情报应用战略：企业实战案例分析》（译）等。

张晓林是中国科学院文献情报中心研究员，主要研究方向为数字图书馆技术、元数据、数字信息资源建设、知识管理、信息检索、图书馆自动化系统、图书馆学情报学基础理论。

王知津是南开大学商学院教授，主要研究方向为竞争情报与竞争战略、信息管理与信息系统、战略信息管理，代表性著作是《竞争情报》《企业竞争情报作战室》《信息存储与检索》《知识组织理论与方法》等。

赖茂生是北京大学信息管理系教授，在情报检索、信息资源管理、信息政策与法律方面有较高造诣，代表性著作是《科技文献检索》《索引工作手册》《文献概念与方法》《科技文献检索指导》《计算机情报检索》《21世纪的信息技术》等。

孟广均是中国科学院研究生院教授，曾全面从事一、二、三次文献情报工作，被认为是从实践中走出来的基础厚实的图书情报学家，代表性著作有《信息资源管理导论》《国外图书馆学情报学研究进展》等。

苏新宁是南京大学信息管理系首席学科带头人，他设计并研制了我国第一部社会科学引文索引——CSSCI，主要研究方向为信息处理与检索、信息分析评价、信息系统开发，代表性著作有《信息检索理论与技术》《企业知识管理系统》《中国人文社会科学学术影响力报告》等。

毕强是吉林大学信息资源研究中心副主任，在信息资源管理、知识管理、电子政务、企业信息门户方面有较高造诣，代表性著作有《数字信息资源开发与利用》《数字资源建设与管理》《超文本信息组织技术》等。

朱庆华是南京大学信息管理系情报学教授，主要研究方向为网络信息资源管理、信息分析与评价、信息政策法规，代表性著作有《网络信息资源评价指标体系的建立与测定》《信息分析基础、方法及应用》《现代知识产权管理》等。

马海群是黑龙江大学信息管理学院院长，在信息法学、知识产权、信息管理方面有较高造诣，代表性著作有《信息法学》《信息资源管理政策与法规》《面向数字图书馆的著作权制度创新》等。

冷伏海是中国科学院国家科学图书馆总馆教授，主要研究方向为竞争情报与高科技信息分析，代表性著作有《信息组织概论》《市场信息资源与市场信息行为》《中小企业的信息管理与咨询服务》等。

孙建军是南京大学信息管理学院教授，主要研究方向为信息资源管理与网络计量，代表性著作有《网络信息计量理论、工具与应用》《基于 TAM 与 TTF 模型的网络信息资源利用效率研究》等。

王崇德是我国最早从事科技情报学理论与方法、情报科学计量学的教学与研究工作者之一，是我国文献计量学早期研究者之一，代表性著作有《文献计量学引论》《情报学引论》《图书情报学方法论》等。

（三）文献共被引知识图谱

我国情报学研究文献共被引知识图谱如图 4-8 所示，图中节点标示被引文献，节点大小与文献被引频次成正比，节点中各色圆环标示相应的文献被引年份。

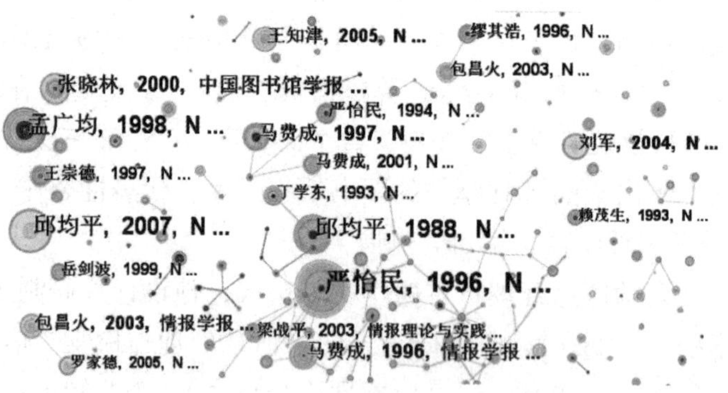

图 4-8　文献共被引知识图谱

文献共被引可以反映各学科知识间的内在联系，可以反映作者的引用偏好，还可以分析文献的内外特征指标，理清学科研究领域的知识基础及学术共同体，可为研究学科进展提供一定参考。

图 4–8 和表 4–7 显示了我国情报学研究的一些经典文献，高被引文献前 30 名中有 7 篇论文，其余都是图书，可见早期情报学研究的主要传播媒介是纸质图书。通过分析，笔者发现我国情报学高被引文献集中在情报学基础理论及研究进展、信息资源管理、文献计量学及信息计量学、信息经济学、竞争情报五大方面。

表 4–7　我国情报学研究的一些经典文献

被引量	发表年份	作者	出版文献
133	1996	严怡民	现代情报学理论
101	1998	孟广均	信息资源管理导论
97	2007	邱均平	信息计量学
95	1988	邱均平	文献计量学
78	2002	包昌火	企业竞争情报系统
74	2000	张晓林	走向知识服务：寻找新世纪图书情报工作的生长点
71	1996	马费成	情报学的进展与深化
66	1997	马费成	信息经济学
63	2005	王知津	竞争情报
61	2003	包昌火	人际网络分析

情报学基础理论及研究进展方面的代表人物是严怡民、马费成、孟广均、梁战平。1996 年，严怡民主编的《现代情报学理论》出版，该书介绍了情报学理论研究进展、情报学理论基础、情报学方法论、用户情报行为研究、信息交流与“栈”理论、情报交流中的对数变换、信息产业的结构与发展策略、社会经济信息化、信息系统基础理论研究、情报政策与法规。该书在探讨情报学基础理论的同时还介绍了主流学术观点、学术成果，并结合了我国信息服务业发展的实际，拓宽了情报学研究领域，促进了我国信息产业的发展。该书是一部经典的启蒙读本，在普及现代情报学理论方面功不可没，后来荣获“第二届中国高校人文社会科学研究优秀成果奖”二等奖。1996 年，马费成发表《情报学的进展与深化》一文，回顾了情报学发展历程及主要成果，提出情报学当务之急是深化内涵，苦练内功，紧紧抓住提供知识信息组织的理论方法这一目标和任务，并从微观层面分析了情报学实现深化的突破点，提出信息表达、组织需要从文献单元提升到知识单元，信息计量需要从语法层次过渡到语用层次。马费成提出的许多建议对信息资源管理、开放、利用具有很强的指导意义，为情报学确立学科地位、优化学科建设、扩大学科影响力做出了突出贡献。1999 年，孟广

均编著的《国外图书馆学情报学研究进展》出版，本书介绍了情报科学理论研究、信息资源管理理论研究、网络信息资源的选择与组织、信息检索技术的现状和发展趋势、信息资源的共建共享等相关内容。2003 年，梁战平在《情报理论与实践》发表《情报学若干问题辨析》一文，提出“信息链”的概念，并用“三个世界”理论描述信息、知识、情报之间的关系。

信息资源管理方面的代表人物是孟广均和马费成。1998 年，孟广均主编的《信息资源管理导论》出版，之后进行了两次修订，2003 年修订至第二版，2008 年修订至第三版。该书从社会信息化进程加速、信息资源的战略资源意义凸显这一背景出发，立足于网络环境，突出资源特色，从学科集成和综合的角度，系统而全面地论述了信息资源管理的概念与发展、信息资源管理的学科体系、信息资源管理的理论与技术基础、信息资源的过程管理、信息资源的网络管理、信息资源的宏观政策管理以及社会信息化与信息化社会等内容，对于我国信息管理教育和信息化事业均有重要的指导意义。2001 年，马费成主编的《信息资源管理》出版。该书是普通高等教育“九五”国家教育部重点教材之一，它介绍了信息资源管理作为一门新兴学科领域的沿革与发展，讨论了信息资源管理的目标和内容，研究了信息资源的优化配置和信息产权，探讨了网络信息资源管理、企业信息资源管理和政府信息资源管理，从产业组织的角度研究了信息资源的管理与控制，最后对信息资源的经济效益进行了分析和评价。

文献计量学及信息计量学方面的代表人物是邱均平和王崇德。1988 年，邱均平编著的《文献计量学》出版，该书论述了文献计量学的基本定律和理论基础，讨论了引文分析等主要的定量分析方法，集中阐述了文献计量在图书情报学、科学学等学科领域及定量管理等方面的具体应用，它开创的理论、方法和应用三者结合的学科体系对我国情报学研究和教育具有积极意义，是该领域的奠基之作。2007 年，邱均平编著的《信息计量学》出版，该书首次从理论、方法、应用三个维度构建信息计量学的内容体系，全面、系统地论述了信息计量学六大基本规律（文献信息的增长规律、老化规律、引证规律、布拉德福定律、齐普夫定律、洛特卡定律）和理论基础，详细阐述了文献信息统计分析法、数学模型分析法、引文分析法、计算机辅助信息计量分析法等主要定量分析方法，还集中探讨了信息计量在信息资源管理、图书情报学、科学学与科技管理、科学评价与预测等学科领域及其定量管理等方面的具体应用。1997 年，王崇德编著的《文献计量学引论》出版，该书逻辑体系完整、内容新颖实用，填补了国内文献计量学研究的空白，堪称文献计量学研究领域理性思维的硕果。

信息经济学方面的代表人物是马费成。1997 年，马费成编著的《信息经济学》出版，书中涵盖了信息经济学的精华内容并将信息资源管理纳入信息经济学研究范围，呈现给学术界一个真正的信息经济学全貌，改变了长期以来我国信息经济学“盲人摸象”的研究方式，标志着我国信息经济学研究进入了一个更为成熟的阶段。

竞争情报方面的代表人物是包昌火、王知津、缪其浩。2002 年，包昌火和谢新洲主编的《企业竞争情报系统》出版，该书在构建企业竞争情报系统基本框架和总结企业竞争情报系统主要模式的基础上描述了竞争情报告系统的信息平台，深入揭示和论述了竞争情报收集、分析、报务子系统的工作模式和运行机制，推介了竞争分析方法和分析工具，展望了竞争情报系统未来发展方向，把对竞争情报系统的研究大大地推向纵深、推向应用，具有重要的理论意义和实用价值。2003 年，包昌火、谢新洲、申宁在《情报学报》上发表《人际网络分析》一文，首次将竞争情报与人际网络结合起来，通过对人际网络的构建和分析，为其在竞争情报中的应用提供理论与方法，利用社会网络分析方法构建自我中心网络，为社会网络分析在情报学中的应用指明了方向。2003 年，包昌火主编的《竞争对手分析》出版，采取点面结合的办法，从纵横两个视角论述了竞争对手分析重要意义、理论基础、基本程序、主要方法和综合案例，重点论述了竞争对手跟踪、竞争态势分析、定标比超分析、价值链分析、核心竞争力分析、关键成功因素分析、战略与绩效分析、业务组合分析、情景分析等几种常用的竞争分析方法，以及人际网络和合作竞争两种与竞争对手分析密切相关的新理念，提供了迄今为止国内外关于竞争对手分析最全面和最系统的论述。2005 年，王知津编著的《竞争情报》出版，该书阐述了竞争情报的相关内容，包括企业竞争、竞争情报、竞争情报系统、竞争情报搜集与整理、竞争情报分析方法、竞争情报处理技术、竞争环境情报研究、竞争对手情报研究、竞争战略情报研究、专利竞争情报分析、竞争情报产品与服务竞争情报法律规范与职业道德、反竞争情报。1996 年，缪其浩编著的《市场竞争和竞争情报》出版，从现代竞争理论和市场竞争的大视野出发，分导论篇、方法篇、案例篇和附录篇四大部分，论述了竞争情报的基本内容、主要方法和发展动向，提供了竞争分析和策略制定的操作案例，介绍了国际上常用的 23 种竞争分析方法和评价国家竞争力的指标体系。

第二节　图书情报学科知识图谱的数据处理

一、中文社会科学数据库的数据处理

文献数据收集的具体操作方法：分别选择这 18 种核心期刊，从中文社会科学索引数据库中检索 2006 ～ 2017 年间的成果论文，检索条件为“类型 = 论文、学科 = 图书情报文献学、时间为 2006 ～ 2017 年”，共检索到 48 291 篇论文，下载的数据采取纯文本格式进行保存，并放在相同的文件夹，文件夹以“download”为首命名。通过观察，每一条文献数据主要包括论文的作者、题目、关键词、作者机构、发表时间、期刊名称、参考文献等题录信息。由于 CSSCI 数据库导出的文本格式不能直接应用于 CiteSpace 软件，因而首先要通过刘盛博的格式转换器将 CSSCI 格式转换为 WOS 格式。

二、中文社会科学数据库搜索关键词的处理

目前，我国图书情报学有了更好地发展，随着知识图谱热点的加入，关键词搜索频率逐一提升。有些研究者利用自编的计算机程序分别统计出 6 320 篇论文和 8 527 篇论文中关键词出现的频率，得到两个阶段的关键词总数分别为 9 732 和 11 706 个。再将这些关键词按照它们出现频次由高以低排序，得到两阶段降序排列的关键词词频分布表。

按照科学计量学的原理，目前高频词的确定主要有两种方法：一种是结合研究者的经验在选词个数和词频高度上平衡，该方法具有一定的主观性。在我国一些有关共词分析的文章中，高频词的阈值定在 40% 左右。另一种是结合齐普夫第二定律辅助判定高低频词的界限。为保证共词分析的效果，本书根据这些关键词的累计频次的变化曲线，截取每个阶段词频次大于 23 的关键词。这样，就得到 156 个高频关键词，它们分别占关键词总频次的 44.39% 与 44.85%。

虽然 CSSCI 已经进行了人工标引规范，但是在数据处理过程中，发现还是有些不规范的词汇，如因特网、互联网与 Internet，本体、Ontology 与本体论，大专院校、高等学校与高等院校，网络信息资源、网络资源与网络信息，高校图书馆与大学图书馆，著作权与版权，信息管理与信息资源管理，参考咨询与参考咨询服务，虚拟参考咨询与数字参考咨询，信息素养与信息素质，信息资源共享与信

息共享，个性化服务与个性化信息服务，藏书建设与馆藏建设，虚拟图书馆与电子图书馆，图书馆自动化与图书馆现代化，等等。为规范处理，本书将类似性质的同义词汇进行归并、整理，这样第一阶段的前 120 个关键词简化为 100 个，第二阶段的前 156 个关键词简化为 129 个。从而分别确定了两个阶段的 100 和 129 个高频关键词表，将这两个关键词表作为共词分析我国图书情报学科研究热点的基础。

第五章　中国图书情报学科知识图谱的应用软件

图书情报学科知识图谱需要绘制相应的图形，因此，计算机应用软件就成为主要工具。一般来说，应用于图书情报学科知识图谱的软件主要包括两大类：统计分析系列软件和信息可视化系列软件。统计分析系列软件主要是将数据进行分析，而信息可视化系列软件是将分析的结果图表化，使人观看分析结果时更加一目了然。

第一节　统计分析系列软件

一、参考文献管理软件：EndNote

（一）EndNote 介绍

EndNote 是一款专门用于管理科技文献中参考文献的软件，由美国科学信息所研制开发。使用该软件可以创建个人参考文献图书馆，用以收集、存储个人所需的各种参考文献，包括文本、图像、表格和方程式，可以根据个人需要重新排列并显示文献，可以对贮存的文献数据库进行检索，还可以在论文写作过程中，按照投稿期刊要求的格式，自动调整引文格式。EndNote 还可以直接对互联网上的多种数据库进行检索，并将检索结果存入本地计算机中，对本地储存的文献资料进行二次检索、重新排列或修改，形成一个新的文库。本书将从 LISTA 数据库中导出的所有文献数据存储在 EndNote 中，利用 EndNote 工具栏中“Subject Bibliography”模块，完成对所有文献的主题词析取和累计统计，为接下来的主题词分类完成数据准备的工作。

（二）EndNote 的主要功能

EndNote 软件的主要功能如下。

（1）在线搜索文献：直接从网络搜索相关文献并导入到 Endnote 的文献库内。

（2）建立文献库和图片库：收藏、管理和搜索个人文献、图片、表格。

（3）定制文稿：直接在 Word 中格式化引文和图形，利用文稿模板直接书写合乎杂志社要求的文章。

（4）引文编排：可以自动帮助我们编辑参考文献的格式。

（三）EndNote 的搜索过程

EndNote 利用 Z39.50 信息获取协议可以方便进入全世界绝大多数的文献数据库，并将连接和搜索这些数据库的信息用“Connection Files”的形式储存起来直接提供给使用者。Connection Files 的设置可以自己创建或修改。

（1）进入 EndNote，在“Tools”菜单下单击“Connect”。

（2）出现“Choose a Connection File”对话框，选定数据库，单击“Connect”。

（3）按照布尔逻辑设定搜索词，单击“Search”。

（4）出现搜索结果，存入指定的文献库。

二、统计产品与服务解决方案软件：SPSS

统计产品与服务解决方案软件（Statistical Package for Social Science，SPSS）是由美国 SPSS 公司自 20 世纪 80 年代初开发的大型社会科学统计软件包，是目前世界上流行的三大统计分析软件之一，具有完整的数据输入、编辑、统计分析、报表、图形制作等功能，除了适合于社会科学之外，还适用于自然科学各领域的统计分析。SPSS 内嵌的相关距离分析、因子分析、多维尺度分析和聚类分析功能是进行科学知识图谱绘制常用的多元统计分析工具。

SPSS 具有完整的数据输入、编辑、统计分析、报表、图形制作等功能。本书所应用到的模块主要是数据的因子分析、聚类分析以及多维尺度分析功能，以此绘制图书情报学领域的科学知识图谱。

三、数据挖掘软件：Thomson Data Analyzer

Thomson Data Analyzer 是 Thomson 科技集团基于 Vantage Point 技术开发的一种数据挖掘软件，可用于跟踪竞争对手，俯瞰整个技术背景，发现新的趋势，从不同角度考察某一主题等。在绘制知识图谱过程中，该软件常用于绘制基础的图谱，常用的功能有数据清理、列表功能、矩阵功能、图功能。

四、计量软件：Bibexcel

Bibexcel 是由瑞典科学计量学家 Persson 开发的一个计量软件，可帮助用户分析文献计量数据以及任何以相似模式存储的数据。Bibexcel 的功能包括：文献计量学分析、引文分析、共引分析、引文耦合分析、聚类分析、科学知识图谱的绘制等，它可以和 Pajek、NetDraw 结合起来使用。它可以使用的数据包括 ISI 的 SCI、SSCI、A&HCI 的记录，也可对其他类型数据进行分析。

第二节　信息可视化系列软件

知识图谱绘制软件多种多样，Sati 是一款计量分析软件，CiteSpace 是一款图谱绘制工具，UCINET 是一款社会网络分析软件。三种软件详细介绍如下。

一、计算量分析软件：Sati

文献题录信息统计分析工具（Statistical Analysis Toolkit for Informetrics, Sati），在通过对期刊全文数据库题录信息的处理，利用一般计量分析、共现分析、聚类分析、多维尺度分析、社会网络分析等数据分析方法，挖掘和呈现出美妙的可视化数据结果。通过免费、共享软件功能及开源、增进代码实现，旨在为学术研究提供期刊文献数据统计与分析的辅助工具。

（一）Sati 软件介绍

Sati 是一款文献题录信息统计分析软件，支持 Web of Science、EndNote、NoteExpress、NoteFirst、CSSCI 五种数据格式。此款软件简单易学，人们导入 CSSCI 样本数据就能快速获取论文高产机构、高产作者、年度关键词、高载文期刊、高频作者合作矩阵等方面的统计信息，比 Excel 处理数据更高效。

国外关于文献信息统计分析的技术方法和应用软件的研究相对较为成熟，已有社会网络分析软件 UCINET（嵌入开源软件 Pajek、NetDraw 和 Mage）、科学计量学研究软件 Bibexcel、文献可视化信息分析软件 CiteSpace 等，但这些软件都主要针对 Web of Science（WoS）等国外数据库平台开发，需要专门的数据输入格式，对于国内期刊全文数据库题录数据不能直接处理。为兼顾处理国内期刊题录数据和国际 WoS 题录数据，本书尝试设计开发对国内外期刊数据库进行文献题录信息统计分析的统一软件。技术方法的关键在于对国内和国际期刊全文数据库所导出题录数据的兼顾处理，设计思路是先将不同来源的数据格式统一转换为 Sati 处理的 XML 格式，抽取指定字段信息得出条目元素（词条，本书指语句元素的最小单元，可以是字、词或短语，包括关键词、主题词、文本预处理后的分词等受限词或自然词）的频次统计文档，再分析知识单元间的共现关系和频率分布，生成共现矩阵、分布矩阵和文档词条矩阵，继而实现对海量文献信息的定量分析和可视化呈现。

按此思路，首先对国内三大期刊全文数据库知网、万方和维普的题录数据格式进行细致的分析，找出了三大主流输出格式 EndNote 格式、NoteExpress 格式和 NoteFirst 格式题录数据的字段信息特征；然后分别提取用于区别不同字段的标识符和词条的分隔符（如 NoteExpress 格式题录数据中，关键词字段的标识符是“{Keywords}：”，关键词之间的分隔符是“；”或“；；”，但不同数据库平台和期刊会稍有不同，需进行情况处理），利用同样的方法同时对 WoS 导出的 HTML 格式题录进行特征分析，通过编程实现抽取不同字段信息，转换生成为 Sati 软件专用的 XML 格式文件；在自动导入转换后的 XML 文件后，基于抽取出的相应字段信息，利用频次统计算法得出词条频次统计文档；然后将频次降序排列表中相应数量的条目元素作为知识单元，按照适当的算法模型构建出共现矩阵、分布矩阵和文档词条矩阵。为便于后期数据的进一步处理和可视化呈现的需要，软件可同时生成 Excel 格式矩阵和 .txt 文本格式全矩阵。只要将共现矩阵文档导入相应的数据分析软件（如 UCINET、SPSS 等），即可构建出知识单元聚类图、多维尺度分析图、共现关系网络知识图谱和战略坐标图等。

（二）Sati 软件功能

Sati 软件可以实现以下三大功能。

1. 题录格式转换

支持输入 WoS 数据库平台导出的 HTML 格式，国内期刊全文数据库导出的 EndNote 格式、NoteExpress 格式和 NoteFirst 格式题录数据。对英文题录关键词、主题词、标题和摘要字段进行文本预处理（Tokenization, Stop Words & Stemming）操作，中文题录标题、摘要进行中文分词和停用词处理后，将其自动转化为 XML 格式 Sati 专用数据文件，以为后期题录数据的存储、交换和分析提供便利。Sati 专用数据文件（XML 格式）采用简洁的三层树状结构。用户可将期刊全文数据库导出的题录文件导入 Sati 自动生成 XML 格式专用文件，或根据实际需要将相关数据文件自行转换为 Sati 处理所需格式。

2. 字段信息抽取

在“Options”面板可以选择抽取标题、作者、第一作者、文献来源、出版年、关键词、主题词、摘要、机构、地址、文献类型、引文、语种、DOI 和 URL 等字段信息，并可保存为 .txt 文本文件。还可利用“Refine”面板按照出版年和文献来源进行数据集合的限定，并在此基础之上进行下一步的统计分析。

3. 词条频次统计

根据抽取到的字段信息对条目元素（关键词、主题词、作者、引文、机构、发表年、期刊、文献类型等）的频次进行统计和降序排列，同样可以按照时间和期刊对数据进行限定，生成相应频次统计文档，并可保存为 .txt 文本文件。

（三）举例一：应用 Sati 统计国内作者合著知识图谱

利用 Sari 软件统计功能得到：2008 ～ 2017 年，国内有 1 568 位作者发表了 1 518 篇论文，作者为 103 人，论文合作率较低；发表 10 篇论文及以上的作者有 23 人，高产作者群体较大；发表 1 篇论文的作者 1 207 人，占总人数的 77%。发表论文最多的 4 位作者是王知津、彭靖里、陈峰和吴晓伟，分别发表论文 48 篇、40 篇、35 篇和 32 篇，年均发表论文 3 ～ 5 篇，如表 5–1 所示。

表 5–1　国内图书情报领域竞争情报研究高产作者

作者	发表论文数 / 篇	作者	发表论文数 / 篇
王知津	4	黄晓斌	15
彭靖里	40	郑彦宁	15
陈峰	35	杨斯迈	15
吴晓伟	32	赵筱媛	14
张玉峰	26	陈维军	13
周常	22	邓艺	13
陈婧	19	刘冰	13
严贝妮	17	徐揭缘	12
秦铁辉	16	盛小平	12
昭波	16	李艳	11
刘玉照	16	张收棉	10
刘建准	15		

利用 Sati 软件抽取作者字段统计后生成共现矩阵，保存为 .xls 文件。打开 UCINET 软件，选择“data”“import via spread sheet”“full matrix w/multiple sheets”，选择保存的 .xls 文件，保存为 .##d 或 .##h 文件。然后点击 NetDraw，依次选择“open”“ucinet dataset”“network”，选择保存的 .##d 或 .##h 文件，则可生成国内图书情报领域竞争情报研究的 100 位作者合著网络可视化图谱，去掉独立节点并

修饰后得到图谱。从图谱中可以发现：第一，国内图书情报领域竞争情报研究比较分散，形成了一系列相互独立合作团队；第二，重要节点有王知津、彭靖里、陈峰、吴晓伟、张玉峰等5个，基本上是师生合作和单位内同事合作团队；第三，南开大学王知津师生团队、中国科技信息所陈峰同事团队、云南省科技情报研究所彭靖里师生团队、上海商学院吴晓伟师生团队和武汉大学张玉峰师生团队在国内竞争情报研究领域具有一定影响。

（四）举例二：应用Sati统计国内关键词共现知识图谱

利用Sari软件统计功能得到：2008～2017年，国内图书情报领域竞争研究论文中共有2 502个关键词，有1 804个关键词仅出现1次，占总数的72%，研究领域广泛且较为集中。出现次数最多的5个关键词是竞争情报、企业、竞争情报系统、知识管理和企业竞争情报，分别出现969、131、127、90和60次。出现20次以上的关键词共有25个，国内图书情报领域的竞争情报研究重点关注企业竞争情报、竞争情报系统、知识管理、反竞争情报、竞争对手、技术竞争情报、电子商务、电子政务、中小企业竞争情报、数据挖掘、专利情报、竞争优势、产业竞争情报和人际网络等方面，如表5-2所示。

表5-2　国内图书情报领域竞争情报研究高频词

关键词	频次	关键词	频次
竞争情报	969	高校图书馆	30
企业	137	中小企业	29
竞争情报系统	127	数据挖掘	29
知识管理	90	半月刊	37
企业竞争情报	60	图书馆学情报学	25
情报学	58	专利分析	25
图书情报工作	41	竞争优势	23
反竞争情报	39	产业竞争情报	22
竞争对手	35	情报分析	22
技术竞争情报	33	图书馆	21
电子商务	33	人际网络	21
知识组织	32	栏目	30
电子政务	32		

利用Sari软件抽取关键词字段统计后生成共现矩阵，保存为.xls文件。打

开 UCINET 软 件， 选 择“data”“import via spread sheet”“full matrix w/multiple sheets”，选择保存的 .xls 文件，保存为 .##d 或 .##h 文件，则可生成国内图书情报领域竞争情报研究的 100 个关键词共现网络可视化图谱，去掉独立节点并修饰后得到国内图书情报领域竞争情报研究关键词共现知识图谱。从中可以发现：第一，竞争情报、竞争情报系统、企业竞争情报、知识管理、技术竞争情报、数据挖掘等关键词居于网络中心，具有较高的中心性；第二国内竞争情报研究领域比较广泛，涉及多个方面；第三，国内竞争情报研究领域可以主要分为三个方面，即竞争情报理论、竞争情报技术和竞争情报应用，其中理论研究占主导地位。

二、可视化软件：CiteSpace

CiteSpace 软件是美国著名华裔学者陈超美应用 Java 语言开发的一款可视化软件，它主要基于共引分析理论和寻径网络算法等，对特定领域的文献（集合）进行计量分析，以探寻出学科领域演化的关键路径及其知识拐点（以关键论文为代表），并通过一系列可视化图谱的绘制来形成对学科演化潜在动力机制的分析和学科发展前沿的探测。可以用来绘制科学和技术领域发展的知识图谱，直观地展现科学知识领域的信息全景，识别某一科学领域中的关键文献、研究热点和前沿方向，并且利用分时动态的可视化图谱展示科学知识的宏观结构及其发展脉络，是科学和艺术的完美结合。

（一）CiteSpace 介绍

CiteSpace 作为一款应用于科学文献中识别并显示科学发展新趋势和新动态的软件，能够显示一个学科或知识域在一定时期发展的趋势与动向，形成若干研究前沿领域的演进历程。简单说来，就是找出学术文献中文字（作者、期刊、关键词、被引用词汇等等）的关系，并可视化表示出来，有助于人们对知识领域发展状况的全景认识与分析。

（二）CiteSpace 的数据来源

CiteSpace 软件以 WoS 数据为基础，因此，国外网络链接分析数据选择 WoS 数据库为数据来源。具体检索表达式：主题 = Competitive Intelligence；精炼依据 = Web of Science；类别 = Infoemation Science Library Science；文献类型 = Article；时间跨度 = 2010 -0 1-01 ～ 2017-12-31；数据库 = SCI-Expanded，SSCI，CCR-Expanded，IC；词形还原 = 打开。共检索到 388 篇论文。

（三）举例一：应用 CiteSpace 统计国外作者合著知识图谱

利用 CiteSpace 的统计功能对作者进行统计得到：2008 ～ 2017 年，国外图书情报领域共有 1 017 位作者共同发表了 388 篇竞争情报研究论文，作者有 262 人，论文合作率较高；发表论文数在 2 篇及以上的高产作者仅 14 人，高产作者群体较小；发表 1 篇的作者为 975 人，占作者总数的 12%；发表论文最多的 3 位作者是 Liwen Vaughan、KL Choy 和 HCW Lau，分别发表了 4、3 和 3 篇竞争情报相关研究论文，发文数量偏低，一般 2 ～ 3 年发表 1 篇论文，如表 5–3 所示。

表 5–3　国外图书情报领域竞争情报研究高产作者

论文数 / 篇	作者	论文数 / 篇	作者
4	Liwen Vaughan	2	Ludo Cuyvers
3	KL Choy	2	Patrick de Pelsmacker
3	HCW Lau	2	Andrea Saayman
2	WB Lee	2	HQ Wang
2	Esteban Romero–Frias	2	Marc Jegers
2	Craig S. Fleisher	2	Wilma Viviers
2	John R. Koza	2	MH Wang

打开 CiteSpace，选择关键路径（Pathfinder）算法，时间切片（Years per Slice）为 2 年，阈值为（2，1，5）（2，1，5）（3，2，5），节点选 author，绘制国外图书情报领域竞争情报研究作者合著网络关系可视化图谱、发表论文数在两篇及以上的作者合著网络关系可视化图谱中，节点圆圈大小表示发表论文数量，节点圆圈颜色代表论文发表年代，连线表示有合著关系，连线粗细代表合著关系强度。通过分析还可以获得如下信息：第一，国外图书情报领域竞争情报研究发展历程中各年代出现的合作密切的学者群体及其研究方向。共有 4 个小的合作研究群体，合作研究方向主要分布在竞争（CompeTirive）和模式（Patterns）两个研究领域。第二，每个节点的文献，可左键点击查看节点信息，右键点击查看文章具体详细信息，了解最新研究进展。第三，国外图书情报领域竞争情报研究核心节点不明显，作者间整体合作度比较松散，合作强度不大，只形成 4 个小的合作群体。其中 Marc Jegers、Wilma Viviers、Ludo Cuyvers、Andrea Saayman、Patrick de Pelsmacker 之间的合作最密切，合作群体最大，其他 3 个群体都是 2 个人间的合作。

（四）举例二：应用 CiteSpace 统计国外关键词共现知识图谱

利用 CiteSpace 的统计功能可以发现：国外图书情报领域竞争情报研究的 388 篇论文中共有 1 240 个关键词，出现 1 次的关键词有 1 068 个，研究领域比较广泛分散。其中词频在 10 次以上的关键词有 29 个，词频出现最多的 6 个关键词 是 Intelligence，Performance，Management、Competitive Advantage、Competitive Intelli-gence 和 Model，分别出现 34、30、29、29、27 和 27 次。竞争情报与智能（Intelligence）、绩效（Performance）、管理（Management）、竞争优势（Competitive Advantage）、系统（System）、创新（Innovation）、信息（Information）、知识（Knowledge）和知识管理（Knowledge Management）等密切相关，如表 5-4 所示。

表 5-4　国外图书情报领域竞争研究高频关键词

频次 / 次	关键词	频次 / 次	关键词
34	Intelligence	14	Knowledge Management
30	Performance	13	Competitive Strategy
29	Management	13	Classification
29	Competitive Advantage	12	Optimization
27	Competitive Intelligence	12	Framework
27	Model	11	Market Orientation
22	Business Intelligence	11	Algorithm
21	Behavior	11	Impact
21	System	11	Perspective
20	System	11	Neural Networks
20	Innovation	10	Search
17	Information	10	Particle Swarm Optimization
17	Artificial Intelligence	10	Design
16	Swarm Intelligence	10	Strategy
15	Knowledge		

打开 CiteSpace，选择关键路径（Pathfinder）算法，时间切片（years per slice）为 2 年，阈值为（2，1，10）（2，1，10）（3，2，10），节点选“keyword”，绘制国外图书情报领域竞争情报研究关键词共现网络关系可视化图谱、出现次数在 10 次以上的关键词之间的共现网络关系可视化图谱。节点圆圈大小表示关键词出现频次，节点圆圈颜色代表关键词出现年代，连线表示有共现关系，连线粗细代表共现关系强度，带紫色圈的节点代表当前仍在使用的热点关键词。从图中

可以获得如下信息：第一，国外图书情报领域竞争情报研究发展历程中各年代出现的高频关键词及其分布；第二，可以看出，有6个重要节点，即Intelligence、Performance、Management、Competitive Advantage、Competitive Intelligence和Model，分别代表了竞争情报研究的6个重要方向，周围形成了一系列核心关键词。从中可以分析出不同年代的热门关键词和前沿研究领域及其演变。国外图书情报领域竞争情报研究的重要领域和研究方向基本上出现在2015年前后，之后新的研究方向和领域逐渐减少，说明2015年前后为国外竞争情报研究的高峰期。Perspective和Patricle Swarm Optimization成为近期新的研究方向。

三、多格式数据处理软件：UCINET

UCINET可以处理多种格式的数据，因此，国内网络链接分析数据选择CNKI数据库为数据来源。具体检索表达式：数据库＝中国期刊数据库；主题＝竞争情报；时间跨度＝ 2010-01-01 ～ 2017-12-31 ；来源期刊＝核心期刊、CSSCI。共检索到1 518篇论文。

四、社会网络分析软件：Pajek

Pajek是一个基于Windows的用于将大型网络可视化的社会网络分析软件。Pajek的设计是基于图谱、网络分析以及可视化软件等发展而来的，其主要功能是将一个大型网络分解为一些小型的子网络，并展示这些子网络的关系。

第六章　图书情报学科知识图谱在 CSSCI 中的实证研究

可用来检索中文社会科学领域的论文收录和文献被引用情况。利用知识图谱分析 CSSCI，可以发现图书情报的诸多问题。本章主要介绍图书情报知识图谱在 CSSCI 中的实证研究。

第一节　CSSCI 中的数据来源与处理

下面利用 CSSCI 检索图书馆学，设置搜索年限，得出符合条件的文献，并对文献进行分析。

一、CSSCI 中的数据来源

数据检索时间为 2013 年 11 月。在 CSSCI 来源库中，选择二级学科为图书馆学，数据年限为 2006 ～ 2012 年，检索表达式为 LY06、LY07、LY08、LY09、LY10、LY11、LY12，XK = 图书馆、情报与文献学，XW = 120 501。在数据库中共检出符合条件的文献 9 127 篇。剔除了不相关的论文、会议通知、纪要、讲话、重复发表的论文以及期刊目录文摘等，最后用于统计的有效文献为 9 062 篇。下载数据并进行格式转换后，借助 Excel、CiteSpace 等工具对所检出的论文进行分析。

二、CSSCI 的数据处理

将 9 062 篇论文作为分析对象，利用 CiteSpace 软件对论文的引文进行文献共引分析。将原始数据导入 CiteSpace，选择节点类型为 Cited Reference，得到图书情报学论文的文献共被引知识图谱，展示学科知识基础与研究前沿。

知识基础由两类文献组成，一是早期基础文献（包括被引专著），二是被引频次及中心性都比较高的关键节点文献。生成的文献共被引知识图谱得到 239 条引文文献（每个节点代表一篇文献），包括 99 部专著、14 篇英文期刊文献和 126

篇中文期刊文献。从中文期刊的分布来看，主要是图书馆学类期刊，位于前 5 位的是《图书馆》(30 篇)、《中国图书馆学报》(27 篇)、《大学图书馆学报》(13 篇)、《图书馆建设》(7 篇)、《图书情报工作》(7 篇)。论文数量排在前 4 位的作者是范并思、蒋永福、吴慰慈、程焕文。从年代分布来看，20 世纪 80 年代前的文献有 55 篇，90 年代的文献为 34 篇，21 世纪之后的文献为 150 篇。

将图书情报学的各知识领域进行聚类，同一聚类内的文献在研究主题上具有较大的相似性。239 篇文献分布在 30 个聚类中。文献数量最多的是 20 号聚类，共含有 56 篇文献。其中被引频次最高的是邱均平的《信息计量学》(2007 年)，这本书是我国信息计量学领域的奠基之作。

文献的被引信息可以从知识图谱中节点的大小和颜色的深浅反映出来。被引频次大于等于 50 次的 5 篇文献包含 4 部图书馆学方面的专著和 1 篇论文。排名第一的是于良芝编著的《图书馆学导论》，达到 74 次，该书是新时期图书馆学核心教材，在总结我国和世界图书馆学研究成果的基础上，为图书馆职业队伍提供了新的关于图书馆职业和图书馆学的概述性介绍。排名第二的是范并思发表在《中国图书馆学报》2004 年第 2 期上的《公共图书馆精神的时代辩护》，该文论述了公共图书馆精神实质是保障社会成员获取信息机会的平等，从信息知识角度维护社会公正，信息时代仍需要公共图书馆机构制度来维护社会信息公平。公共图书馆精神已成为推动图书馆事业发展的动力。该文献的特点是在短时间内被频繁引用，这一点可以从突现度的大小得到反映，这篇文献的突现度是 3.62。排名第三的是王子舟编著的《图书馆学基础教程》，该书以知识论为立场，论述了图书馆学所涉及的基本原理，对图书馆学众多理论问题进行了深入的梳理与研究，能够使读者从总体上把握现代图书馆学理论与实践的各种综合性问题。排名第四的是吴慰慈编著的《图书馆学概论》，该书是 21 世纪高等学校核心课程教材，反映了作者长期以来对图书馆理论与图书馆实践问题的独立思考，也广泛吸收了国内外图书馆工作实践与理论研究的最新成果。排名第五的是黄宗忠编著的《图书馆学导论》，该书是我国图书馆学界的一部开拓性著作，首次以系统理论为指导，采用系统论方法、控制论方法和信息论方法等先进的科学方法，研究图书馆系统并取得成功的典范，多次获奖。

点的中心性(量化点在网络中地位重要性的图论概念)大于 0.15 的共有 7 篇文献。排在首位的是蒋永福在《图书馆》2003 年第 6 期上发表的《维护知识自由：图书馆职业的核心价值》，中心性是 0.21。排在第二名的是宓浩编著的《图书馆学原理》，中心性为0.18。跟随其后的两篇文献中心性均为0.16，它们是范并思发表在《图书馆杂志》2002年第11期上的《维护公共图书馆的基础体制与核心能力——纪念曼彻斯特公共图书馆创建150周年》和蒋永福发表在《图书馆》2005年第4期上的《制度和技术哪个更重要？——关于图书馆制度的思考》。以上两篇文献在同一个聚类中，是“公共图书馆制度研究”这一主题范围内的关键文献。随后3篇文献，王子舟发表在《中国图书馆学报》2000年第4期上的《知识集合初论——对图书馆学研究对象的探索》、李国新发表在《图书馆》2000年第4期上的《日本的“图书馆自由”述论》、蒋永福发表在《中国图书馆学报》2003年第5期上的《客观知识·图书馆·人——兼论图书馆学的研究对象》，其中心性都是0.15，都是对图书馆学理论研究对象的探讨，属于同一个聚类。王子舟和蒋永福阐述知识是图书馆学研究对象之一。李国新是中国图书馆法治建设、推进图书馆制度化的先驱者，他关注图书馆自由权利及公共图书馆立法研究。

第二节　基于CSSCI的图书情报知识图谱分析

科研机构是科学与技术创新的重要主体，是培养学科人才重要的摇篮，领先的科研机构除了具有优秀的优秀成果外，还应当在热点与前沿领域处于领先的地位，保持自己的竞争优势。科研机构的整体分布、机构合作网络以及机构研究领域分析标志着我国图书情报学领域科研机构整体的布局，从而协调各重点研究领域的关系，促进我国科研机构合作发展。

一、载文期刊分析

9 062篇论文分布在236种期刊上，平均每种期刊载文38.4篇。表6-1反映了图书情报学载文量排名前10的期刊。从每种期刊的总载文量看，载文量大于100篇的20种期刊（占发文期刊数的8.48%）共刊载了8 075篇论文，占总载文量的89.11%。载文量位于前5位的是《图书情报工作》《图书馆理论与实践》《图书馆》《图书馆工作与研究》和《图书馆论坛》。这5种期刊载文量占总论文量的43.19%。由此可知，这5种期刊是图书情报学论文载文量最高的核心期刊。

表 6-1　2006 ～ 2012 年图书情报学载文数量前 10 名的期刊

来源期刊	载文数量 / 篇	来源期刊	载文数量 / 篇
图书情报工作	1 006	图书与情报	360
图书馆理论与实践	923	情报杂志	315
图书馆	696	中国图书馆学报	260
图书馆工作与研究	685	大学图书馆学报	229
图书馆论坛	604	图书情报知识	192
图书馆杂志	457	情报资料工作	155
文献	448	敦煌研究	150
现代图书情报技术	424	情报理论与实践	149
情报科学	390	图书馆学研究	137
图书馆建设	389	国家图书馆学刊	106

二、发文机构分布分析

发文超过 100 篇的机构有 10 家。其中武汉大学独占榜首，充分体现出武汉大学在我国图书情报学研究中雄厚的研究实力和人才优势，如表 6-2 所示。

表 6-2　2006 ～ 2012 年图书情报学发文数量前 10 名的机构

第一机构	发文数量 / 篇	第一机构	发文数量 / 篇
武汉大学	363	中山大学	164
北京大学	269	国家图书馆	159
南京大学	229	浙江大学	122
南开大学	197	北京师范大学	118
中国科学院国家科学图书馆	165	吉林大学	102

三、发文地区分布分析

从地区分布来看，9 062 篇论文遍布全国各个省（市），但少数几个省（市）呈现集中的态势。从表 6-3 可以看出，载文量超过 200 篇的 14 个省（市）论文数量达到 7 343 篇，占论文总数的 81%。其中北京市以发文 1 546 篇的明显优势处于领先地位；广东、江苏、湖北三省发文各超过 500 篇。这 4 个发文居前的省（市），其代表性机构是北京大学、中山大学、南京大学和武汉大学。

表 6-3　2006 ～ 2012 年图书情报学发文超 200 篇的地区

省（市）	发文数量 / 篇	省（市）	发文数量 / 篇
北京	1 546	上海	432
广东	841	山东	423
江苏	789	湖南	401
湖北	560	陕西	257
天津	489	四川	245
浙江	485	甘肃	216
河南	444	河北	215

四、基金资助情况分析

从基金资助情况看，我国各级部门对图书情报学研究的支持力度不高，9 062 篇论文中只有 2 350 篇论文获得资助，占论文总数的 25.9%。从表 6-4 中可以看出，省市级基金项目占据比例最高，其次是教育部和国家社科基金。总之，我国图书馆情报学论文受基金资助比例偏低，从资助范围和资助力度看都有待进一步加强。

表 6-4　2006 ～ 2012 年图书情报学论文接受资助基金情况

基金类别	文章数量 / 篇
国家自然科学基金	94
国家社科基金	441
国家级其他基金	258
教育部基金	374
中科院基金	44
省（市）级基金	814
其他	325

五、研究热点知识图谱分析

关键词高度概括了一篇论文的研究重点，是作者对论文的高度提炼，虽然其所占比例不是很高，却是论文的核心精髓所在。因此，高频关键词常被用于确定某研究领域的热点。通过设置合适的阈值，运行 CiteSpace 软件，生成图书情报领域可视化研究热点知识图谱得到 136 个关键词、关键词间的 41 条连线，以及词频超过 100 次的高频关键词。

1. 数字图书馆及其相关领域

从 CSSCI 中检索关键词包括“数字图书馆”的论文可以看出，对于数字图书馆的研究在我国始于 20 世纪 90 年代中期，到 2009 年达到顶峰。近年来数字图书馆相关的研究领域包括数字资源的组织和管理、新技术环境下（云计算、Web2.0、图书馆 2.0、本体）的图书馆、数字图书馆信息服务模式（资源共享、个性化服务、数字图书馆联盟）、数字图书馆的知识产权（机构知识库、特色数据库、开放存取、著作权、版权）等。

2. 图书馆学相关理论

图书馆精神是图书馆学理论研究的一个热门话题。图书馆精神的理论研究成果集中在 2003 ～ 2006 年，在此期间形成了图书馆精神的四大代表性观点：程焕文的“事业精神、职业精神和科学精神”，“基于社会信息公平和信息保障制度的公共图书馆精神”，肖希明的“科学精神和人文精神相融合的图书馆精神”，以及蒋永福的“以人为本的人本主义图书馆精神”。2006 年后，研究人员从理论转向实践，开始了对人文和技术、制度和权利、图书馆服务和职业精神、知识自由和知识公平等方面的讨论。

3. 知识管理

知识管理是近几年图书情报学界的热门话题。邱均平等通过对国内 2001 ～ 2010 年间知识管理论文的计量分析，揭示了知识管理的研究主要集中于知识管理与图书馆、知识管理与企业、知识管理与知识创新、知识共享等。何南洋对国外知识管理领域进行可视化分析，指出知识管理研究主要涉及 5 个方面，即知识管理的基本技术和理论、企业组织应用、共享与创新、知识服务、组织与检索和信息素养。因此，该领域的研究热点包括知识创新、知识共享、知识服务、知识图谱、信息可视化、信息检索技术、信息化平台、隐性知识显性化等。

4. 信息服务和知识服务

服务是图书馆永恒的主题，信息服务和知识服务的关系一直是国内图书情报学研究的热点。陈建龙从服务者、服务对象和服务工具 3 个方面对知识服务和信息服务之间的区别和联系进行深入剖析。在当前大数据信息环境下，数据源和数据类型日益多样化，大量非结构化的数据更增加了大数据的复杂性，传统的信息收集、整理、分析与服务模式已经不能满足大数据环境下的用户需求。数据分析正在向广度、深度发展，信息服务正在向个性化、嵌入式的科研创新合作交互型知识服务模式发展。大数据为图书馆信息服务发展带来前所未有的机遇，将有效推动图书馆服务技术变革、服务模式创新、服务能力提升。

六、图书情报学论文突现词分析

根据前面确定的2006～2012年间发表的原始数据，利用CiteSpace软件中的膨胀词探测（Burst Detection）算法，将图书情报学领域频次变化率高的词从大量的主题词中探测出来，以揭示该领域的研究前沿。根据突现度量度指标从大到小排序，突现度大于10的突现词共14个，如表6–5所示。

表6–5　2006～2012年图书情报学论文突现词及突现度

突现词	突现度	年份	突现词	突现度	年份
数字图书馆	47.76	2006	图书馆核心价值	12.59	2008
文献学	32.77	2006	图书情报工作	12.24	2006
云计算	23.8	2009	公共图书馆	12.01	2006
文献考证	20.2	2006	h指数	11.41	2009
关联数据	17.33	2011	敦煌写本	11.32	2006
移动图书馆	16.53	2012	图书馆服务	11.19	2006
版本学	13.15	2007	图书馆建设	10.95	2012

其中，2006年出现的“数字图书馆”一词突现度最高。我国数字图书馆研究与实践始于20世纪90年代，以“中国国家数字图书馆工程”“中国高等教育数字图书馆”“中国科学院国家科学数字图书馆”等项目为龙头和代表，到2006年数字图书馆发展取得了重大进展，很多关键问题和关键技术都被提出并广泛讨论和实施。

2006～2007年出现的相关突变词还有“图书情报工作”“图书馆服务”“公共图书馆”“图书馆建设”等。信息网络技术社会化及数字图书馆的蓬勃发展，给图书情报工作以及图书馆服务带来了深层次的影响，如何实现从传统的信息服务模式到知识服务模式的转变，对图书情报工作者及图书馆的建设都提出了新的要求。

从表6–5可以看出，2006～2007年另外一类研究主题是文献学及文献考证，相关的突现词包括“文献学”“文献考证”“敦煌写本”。

2008 年出现的突现词是“图书馆核心价值”。图书馆核心价值的研究属于图书馆学理论建设的基本问题，2004 年美国图书馆协会发布了《图书馆工作核心价值》，2007 年中国图书馆学会将图书馆核心价值作为年会征文选题之一，设置专项资金项目，并强调开展图书馆核心价值研究的重要性，在此后的几年对图书馆核心价值的研究进入多元化的成熟阶段。

2009 ～ 2011 年出现的相关突现词有“云计算”“关联数据”“移动图书馆”。云计算、关联数据、移动图书馆都是和图书馆密切相关的新兴信息技术。2009 年初，国外学者对未来几年图书馆界技术趋势进行预测，将云计算列为十大技术趋势之首。OCLC（联机计算机图书馆中心）在 2009 年推出基于云计算的网络级图书馆管理方案，预示着云计算在图书馆领域广泛应用的开始。云计算对构建自由、个性、多元的移动数字图书馆也产生了深远的影响。书生公司将云计算技术与 3G 技术相结合，在 2010 年 6 月首推书生移动图书馆解决方案，使图书馆资源从云端直接送到了读者掌心。在此背景下，图书情报界研究者对云计算环境下的资源共建共享、图书馆管理、图书馆服务、移动图书馆的建设等展开了广泛研究。

2009 ～ 2011 年出现的突现词还有“h 指数”。自 2005 年美国 Hirsch 教授提出 h 指数后，h 指数一直是图书情报学领域的研究热点。国内学者自 2006 年开始探讨利用 h 指数对图书情报学期刊进行评价。如今，h 指数在科学家个人或群体的学术绩效评价以及学术期刊的学术绩效评价领域得到了广泛应用。

第七章　图书情报学科知识图谱在 CNKI 中的实证研究

中国知识基础设施工程（China National Knowledge Infrastructure，CNKI）简称为中国知网，是以实现全社会知识资源传播共享与增值利用为目标的信息化建设项目，它于 1999 年 6 月由清华大学、清华同方发起并建立。经过数十年的发展，CNKI 成为我国大型的数据资料搜索网，内容涉及学术论文、期刊、图书等多种类型，专业范围广泛。因此，CNKI 也成为中国权威的图书情报学数据采集与分析工具。

第一节　CNKI 中的数据来源与数据分析工具

一、CNKI 中的数据来源

获取数据是利用共词分析法的第一步。当前主要有两种获取数据的方法，一是利用相应的数据挖掘软件，直接从论文中抽取数据，进而分析词与词之间的关系；二是基于全文数据库，获取文献资料中的题名、摘要、作者、关键词、刊名或作者单位等数据，进而分析文献内容或关键词之间的关系。共词分析法主要研究对象是词与词之间的关系，其中关键词是主要研究对象，常用的方法就是直接选取文献资料中的关键词或是主题词，进而将其作为研究对象进行分析。国内很多学者一般在进行数据采集都是利用能够反映该学科研究状况的核心期刊论文作为统计样本。由于统计出来的数据有相近关键词等，在通常情况下要进行一定的数据处理，如去掉重复、无效以及无实质意义的数据。中文数据库通常选择 CNKI 所收录的全文期刊数据库、学位论文数据库，外文数据库则通常选取 Emerald 期刊全文数据库。目前，大多通过统计一段年限内某一学科领域刊载论文量，对相关文献资料统计其高频关键词，利用共词分析法研究某一领域的热点以及发展趋势。

以 CNKI“中国学术期刊网络出版总库”为数据来源，以“高校图书馆研究”为主题对 1999～2013 年的资料进行模糊检索，统计检索时间为 2014 年 1 月 15 日。共检索出高校图书馆研究方面的相关文献 7 933 篇，剔除报纸、通知和会议资料等 317 篇文献，最终得到有效论文共 7 616 篇。

二、CNKI 中的数据分析工具

（一）BICOMB

利用中国医科大学医学信息学系崔雷教授开发的书目共现分析系统（Bibliographic Item Co-Occurrence Matrix Builder, BICOMB），该软件系统由中国卫生政策支持项目（HPSP）资助，采用目前技术成熟、流行的数据库语言开发，主要目标是对生物医学文献数据库中的书目文献信息进行快速扫描，准确提取并归类存储、统计计算、矩阵分析等，为进一步研究提供准确、全面的基础数据。

BICOMB 的主要功能：

（1）共现矩阵生成功能：对文献数据库中存在多个条目的字段进行统计并生成共现矩阵，如作者合著、引文同被引、主题词共现等。

（2）文献计量分析功能：对常用文献计量分析的指标进行频次统计，如来源文献的作者、期刊、主题词、发表年代的统计，被引文献的引文、作者、期刊、年代的统计。

BICOMB 处理分析步骤：

（1）抽取字段：对于从来源数据库下载的文献记录，指定要统计分析的字段（如主题词）进行抽取。

（2）频次统计：针对抽取出来的条目（如具体的主题词）统计其出现的频次，并根据频次分布情况确定阈值，截取要进一步分析的部分条目（如高频主题词）。

（3）共现矩阵生成：对于截取出来的条目，根据它们在同一文献记录中共同出现的次数，生成共现矩阵。

（二）数据统计

关键词常用于表达文献主题内容，不仅用于科技论文，还用于科技报告和学术论文。关键词是指在文献的题名、摘要和正文中出现，用来表达文献的主题概念并有实际意义的自然语言词汇。某种关键词的多少代表着其研究所在学科领域的方向和发展程度。关键词的词频统计能够客观、准确地反映出学科的发展情况，根据统计结果可以分析出这一学科领域的研究热点和发展趋势。

利用该软件系统将检索出的相关文献导入 BICOMB 软件中，按照相应操作提取关键词，获得高频关键词表，统计出关键词频次≥ 65 的前 30 个关键词，如表 7–1 所示。

表 7–1　高频关键词表

序号	关键词	频次	序号	关键词	频次	序号	关键词	频次
1	高校图书馆	4 213	11	对策	126	21	建设	76
2	图书馆	1 215	12	知识服务	124	22	读者	76
3	信息服务	393	13	资源共享	121	23	文献资源	69
4	数字图书馆	244	14	个性化服务	104	24	服务创新	68
5	网络环境	195	15	电子资源	98	25	参考咨询	67
6	读者服务	192	16	知识管理	96	26	文献资源建设	67
7	学科馆员	180	17	创新	93	27	研究	66
8	信息资源	157	18	数字资源	92	28	服务质量	65
9	大学生	142	19	图书馆管理	84	29	信息需求	65
10	服务模式	134	20	学科服务	77	30	信息共享空间	65

以 CNKI 数据库中的相关期刊论文为基础，通过 SPSS 中的因子分析、聚类分析和多维尺度分析，以及社会化分析软件 UCINET 等进行关键词词频统计分析，构造共词矩阵和相关矩阵，通过可视化的两两关键词间亲疏关系分析这些高频关键词之间的关系，得出我国高校图书馆领域的研究热点和未来的发展趋势。

第二节　基于 CNKI 的图书情报学知识图谱发展历程

从宏观上看，CNKI 的发展历程经历了三个阶段：光盘版时代的“中国学术期刊（光盘版）”、网络版时代的“中国期刊网”、知识服务平台时代“中国知识资源总库”。

我国的图书馆知识图谱也在 CNKI 的发展中成长。图书馆学是一门正在发展中的科学，是一门以图书馆的发展、管理以及图书馆服务为研究对象的学科。作为在我国发展已有百余年历史的图书馆学，其相关的研究文献数量也在逐年增加。近年来，关于我国图书馆学研究热点方面的论文明显增加，研究结果表明图书馆学有着较明显的发展趋势和研究热点，如高校图书馆发展、信息资源共建共享、馆际合作、信息资源建设等。随着信息技术的进步，图书馆学的研究领域也在不断扩大、加深。高校图书馆在我国高等院校中起到了不可或缺的作用，高校图书馆能够为高等院校的科研学者提供信息需求，并为学科带头人等提供科研服务。高校图书馆与大学生的学习、生活息息相关，高校图书馆以其丰富的馆藏资源和期刊全文数据库、硕士（博士）论文数据库等为学生的科研和撰写论文提供信息资源保障。同时，高校图书馆也立足于在校师生，以较为全面地满足读者信息需求为宗旨，为广大师生提供相应的个性化服务和专题服务。

2011 年，一篇名为《2050 年高校图书馆尸检报告》的文章在《美国高等教育纪元报》上刊登出来，引起了图书馆界的轰动。随着信息技术的进步、新媒体手段的使用，网络环境给实体图书馆带来了很大的冲击。基于这种"高校图书馆灭亡论"的严峻形势，以及高校师生对学校图书馆利用率日渐减少的情况，通过定性与定量相结合的方法，分析我国高校图书馆近年的研究热点，为今后更好地进行研究提供参考依据，并为我国高校图书馆做好服务工作提供参考和借鉴，增强我国高校图书馆的核心竞争力。

目前作为图书情报研究领域的一种有效研究方法，共词分析法受到我国图书情报研究人员的关注。冯璐等人系统地介绍了共词分析方法的理论进展，董伟等人基于共词分析方法对我国数字图书馆领域的研究热点进行分析，得出了一些重要结论。利用共词分析法，对近年来我国高校图书馆相关文献资料的关键词进行分析，从而得出我国高校图书馆领域的研究热点。

一、基于 CNKI 的图书情报学国家基金知识图谱分析

根据文献梳理以及文献资料的收集可知，目前国内大部分学科研究是基于研究学者、研究机构、关键词等对象来分析，较少部分研究会引入国家基金，因而本节从三个方面分析学科的研究：图书情报学国家基金资助情况分析、图书情报学研学者分析、图书情报学研机构分析。通过以上三个方面的研究来了解图书情报学目前的学科地位、学科权威代表人物、权威机构等，从而对我国图书情报学有一个新的认识。

国家社会科学基金和国家自然科学基金（以下简称社科、自科）是我国最高科学基金项目，在培养优秀人才、促进学科建设、推动我国科研发展方面起到巨大的作用。本节主要基于近 10 年图书情报学在国家基金立项项目情况，从多种视角来分析图书情报学的学科地位及发展现状。

其中自科基金项目的数据来源于国家自然科学基金委员会网站，检索条

件：申请代码“G031”（信息资源管理）和“G030701”（科学计量学与科技评价），时间跨度为 2008 ～ 2017 年。社科基金项目的数据来自全国哲学社会科学规划办公室网站，检索条件：学科分类为“图书馆、情报文献学”，时间跨度为 2006 ～ 2015 年。需要说明的一点是，以“图书馆、情报文献学”为学科分类检索结果还包含档案管理方向的项目，因其所占比例较小，且有些课题与图书情报学有关，所以本研究假定最终的检索结果都归属于图书情报学领域。

（一）立项基本情况分析

通过搜索两个国家基金对应的网站，得到 2008 ～ 2017 年图书情报学在国家基金项目上的立项数据，如表 7-2 所示。

表 7-2　图书情报学 2008 ～ 2017 年国家基金立项情况统计表

基金类别	项目类型	2008	2009	2010	2011	2012	2013	2014	2015	2016	2017	合计	比例
社科	西部项目	13	4	11	7	16	14	15	14	7	11	112	11%
	重点项目	0	1	3	2	6	9	6	10	11	9	57	5%
	一般项目	35	32	42	37	50	49	59	68	75	83	530	50%
	青年项目	10	14	17	30	27	41	49	53	47	39	327	50%
	后期资助项目	0	0	0	6	3	3	0	6	4	0	22	2%
	成果文库	0	0	0	0	2	2	2	0	0	0	6	1%
	重大项目	0	0	0	0	0	0	3	4	5	0	12	1%
	总计	58	51	73	82	104	118	134	155	149	142	1066	100%

续 表

基金类别	项目类型	2008	2009	2010	2011	2012	2013	2014	2015	2016	2017	合计	比例
自科	面上项目	8	6	6	9	12	11	17	20	16	15	120	52%
	青年科学基金项目	1	0	6	4	5	10	10	13	16	18	83	36%
	地区科学基金项目	1	0	1	1	0	2	1	3	2	3	14	6%
	国际（地区）合作与交流	1	1	0	1	1	3	0	0	3	0	10	14%
	重点项目	0	0	1	0	0	1	0	0	0	1	3	1%
	重大研究计划	0	0	0	1	0	0	0	0	0	0	1	0%
	专项项目	0	0	1	0	0	0	0	1	0	0	2	1%
	总计	11	7	15	16	18	27	28	37	37	37	233	100%

注：因检索条件较单一，可能导致数据统计不完整，仅供参考

从立项数量上分析，图书情报学在社科和自科方面的立项数目整体上呈逐年上升趋势，其中社科项目近 10 年总共立项 1 066 项，自科项目总共为 233 项。一门学科在特定时期的发展形态与政府有着很大的关联，因为政府会通过设立科学基金等形式去支持学科的大力发展、倡导学科前进创新，在发展的过程中，提供

必要的资金帮助，这说明国家政府对图书情报学的重视程度不断地加强，该学科的地位也在逐渐提升。此外，通过图 7–1 社科基金与自科基金数量的对比，发现图书情报学领域社科项目的立项数量明显多于自科项目，主要因为从学科性质上看，图书情报学仍然属于人文社科领域，但是从学科长远发展来考虑，图书情报学是一门文理交叉融合的综合学科，两者的立项数量的差距反映出图书情报学在自然科学研究方面相对比较欠缺和薄弱。因此，在未来的研究发展中，图书情报学应当在立足理论研究的基础上，加强技术和应用方面的研究，从而拓宽图书情报学的研究范围，实现学科全面可持续发展。

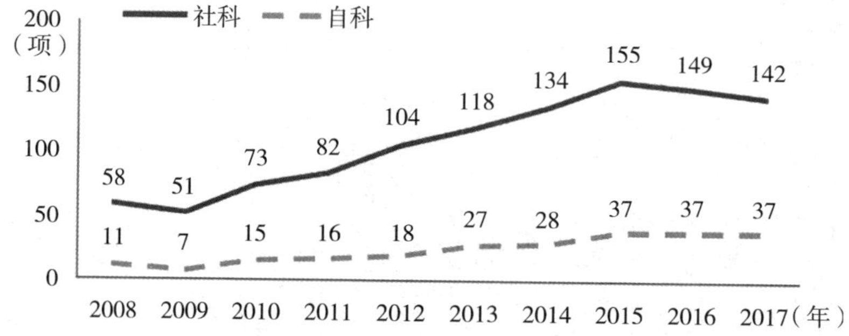

图 7–1　图书情报学社科和自科两大类基金立项数量对比图

根据表 7–2 发现，在 2014 年后，图书情报学申请到 3 个重大项目，2015 和 2016 年都有所增加，且 2011 年后该学科在后期资助项目和成果文库中都有立项。从而可知我国图书情报学的基金项目体系在不断扩展和完善，政府的资助力度也在不断加强。在自科立项方面，面上项目占据主导地位，近 10 年图书情报学在面上项目立项 120 项，其次是青年科学基金项目，共立项 83 个，且每年都在增长，但是相比社科青年项目明显较少。地区科学基金项目是为促进特定地区的社会及经济发展，培养和扶植该地区的科学研究人员在基金资助的范围内开展创新性的科学研究而设立的，而图书情报学近 10 年仅有 14 项。国际合作交流项目近十年该学科有 10 项，它是资助科学技术人员立足国际科学前沿，有效利用国际科技资源，本着平等合作、互利互惠、成果共享的原则开展实质性国际（地区）合作研究与学术交流，以提高我国科学研究水平和国际竞争能力。但是重点项目近 10 年只有 3 个，专项项目 2 个，重大研究研究计划仅有 1 个，这说明图书情报学还需要进一步提升其在自然科学研究领域的发展力度。

（二）立项项目机构分析

分析图书情报学国家基金立项项目机构 d 分布，不仅可以揭示图书情报学领域具备科研实力的机构，同时也能够折射出哪些省份科研氛围比较浓厚。统计 biaoming：社科项目近 10 年共 1 066 个项目，其中 887 个项目来自高等院校，占比 83%，35 个来自各级党政机关，21 个立项来自军队系统，其余 123 个来各科学院和各地图书馆；自科项目近 10 年共 233 个项目，共有 204 个来自高等院校，占比 87.6%。这说明图书情报学大部分课题研究都依靠于高等院校，高等院校是学科发展最主要的根据地。下面分别对社科立项和自科立项数量排名前 10（由于社科第 10 名有并列情况，因此取排名前 12 的机构）的机构进行统计分析，如表 7–3 所示。

表 7–3　国家基金立项排名靠前的项目机构

机构名称	自科（项）	机构名称	社科（项）
武汉大学	47	武汉大学	43
中国科技信息研究所	15	南京大学	32
中国人民大学	9	上海大学	28
南京理工大学	9	中国科技信息研究所	27
南京大学	8	中山大学	27
中国科学院	8	北京大学	25
大连理工大学	8	中国人民大学	21
浙江大学	7	中国科学院	17
西安电子科技大学	7	国家图书馆	16
北京大学	6	华中师范大学、郑州大学、黑龙江大学	16

由表 7–3 可知，近 10 年，武汉大学在国家基金立项数量方面位居第一，遥遥领先于其他高等院校，而在研究院方面，中国科技信息研究所占据绝对的优势，这表明以武汉大学为主的高等院校和以中国科学技术信息研究所为代表的研究院是图书情报学研究的主力军和风向标，究其原因，一方面这些机构处于学术文化浓厚、经济发达的地区，如北京、上海、南京、武汉等城市，另一方面这些机构

学科建设历史悠久，且有合理的信息管理系教育体系，同时这些机构汇集了大量的图书情报学的领军人物和研究团队。此外，通过观察自科和社科立项的排名前十的机构，发现大部分机构在图书情报学方面更倾向于申请社科项目，如社科立项排名第三位的上海大学，在自科立项方面，近 10 年仅有一项，郑州大学和黑龙江大学在自科立项方面近 10 年数量为零，但理工类院校如南京理工大学、大连理工大学以及西安电子科技大学在自科立项中都排名前 10，而在社科立项方面却有些欠缺，因而不同机构之间的立项也有很大的差别。

（三）立项负责人分析

2008 ～ 2017 年间，社科项目共有 967 人，立项 1 066 个，其中立了 3 个项目的有 4 人，96 人立项 2 个，其余每人立项 1 个。在自科项目中，共 195 人，立项 233 个，其中 3 人立项 3 个，2 人立项 4 个，33 个人立项 2 个，其余每人立项 1 个。这表明我国已经拥有庞大的图书馆情报科研群体，下面对立项 3 个及以上的负责人进行分析，如表 7–4 所示。

表 7–4　图书情报学近十年立项大于三项的学者统计表

基金	作者	单位	项目
社科	程焕文	中山大学	中国图书馆学史专题研究（重点项目）
			图书馆权利研究（成果文库）
			20 世纪中国图书馆学思想史研究（重点项目）
	丁延峰	聊城大学	汲古阁藏书、刻书、抄书研究（一般项目）
			海源阁藏书研究（成果文库）
			中国私家藏书个案研究——海源阁藏书研究（一般项目）
	贾君枝	山西大学	基于关联数据的中文名称规范档语义描述及数据聚合研究（重点项目）
			叙词表与分众分类系统的集成研究（一般项目）
			汉语框架网络知识本体构建研究（青年项目）
	肖希明	武汉大学	公共数字文化服务中的资源整合研究（重点项目）
			信息资源共享系统绩效评估研究（成果文库）
			文献资源共享系统的绩效评估研究（一般项目）

续　表

基金	作者	单位	项目
自科	胡昌平	武汉大学	信息服务的社会监督（面上项目）
			数字图书馆社区的知识聚合与服务研究
			国家创新发展中的信息服务跨系统协同组织
	马费成	武汉大学	基于 Web2.0 的信息自组织与有序化研究
			基于生命周期理论的数字信息资源深度开发与管理机制研究
			知识网络的形成机制及演化规律研究
			大数据环境下的知识组织与服务创新研究
	谢新洲	北京大学	互联网信息传播机制与社会影响评价研究
			"互联网与社会：挑战、转型与发展"国际会议
			基于互联网网民言论信息的口碑监测、分析与管理研究
			社会化媒体用户行为模式及管理机制研究
	叶鹰	浙江大学	专利 h 指数与专利信息网络测度研究
			h- 指数和类 h- 指数的机理分析与实证研究
			h 型指数与信息计量机理研究
	张玉峰	武汉大学	基于数据挖掘的企业竞争情报智能采集机制研究
			企业竞争情报智能分析模型与方法研究
			基于动态数据挖掘的物流信息智能分析研究

图书情报学活跃的科研人员都集中在中青年学者中，社科项目立项为 3 个及以上的学者，4 个人中 2 个是来自非"211"和非"985"高校，这说明一般院校对图书情报学的重视程度越来越高。另一方面，通过学者立项的课题可以发现，中山大学教授程焕文在图书馆史的研究领域深有造诣，聊城大学丁延峰在藏书方面潜心钻研，浙江大学叶鹰教授对 h 指数进行深层次的研究，武汉大学张玉峰教授倾向于研究数据挖掘方向等。这些优秀学者在自己所在的科研领域有着深厚的积淀，精确把握研究领域的方向，确定了自己在研究领域的地位，同时凭借自身在学术界的影响力，吸引一批新生血液投入到他们的研究团队中，联手推动图书情报学的发展。

（四）立项主题分析

研究基金立项主题的主要原因是便于反映学科当前的研究热点以及研究前沿，因而根据近两年图书情报学在国家基金立项名称进行词频分析，通过挖掘 2016 年和 2017 年所有立项项目名称，高度提炼基金项目的关键词，而后对这些高频关键词分析进行立项主题分析，从而在一定程度上揭示该学科的研究动态以及未来发展趋势。

通过在国家自然科学基金网站与全国哲学社会科学规划办网站搜集的关于 2016 ～ 2017 年图书情报学立项基金，发现 2016 ～ 2017 年间，社科基金立项 284 个，自科立项 72 个，然后提取高频关键词汇，对它们的立项名称进行分析，如表 7–5 所示。

表 7–5　2016 ～ 2017 年国家基金立项名称高频关键词统计分析表

<table>
<tr><th>关键词（社科）</th><th>频次</th><th>关键词（自科）</th><th>频次</th></tr>
<tr><td>图书馆</td><td>60</td><td>情报</td><td>7</td></tr>
<tr><td>大数据</td><td>28</td><td rowspan="2">大数据、电子政务、计量、知识服务、技术</td><td rowspan="2">6</td></tr>
<tr><td>情报</td><td>14</td></tr>
<tr><td>信息资源</td><td>13</td><td>本体、文本挖掘、引文分析、知识组织</td><td>4</td></tr>
<tr><td>公共图书馆、关联数据、社会化、阅读</td><td>10</td><td rowspan="2">社会网络、数据挖掘、信息检索、图书馆、信息资源、社会化媒体、群体、知识发现</td><td rowspan="2">3</td></tr>
<tr><td>舆情、模型</td><td>9</td></tr>
<tr><td>微服务（信息、服务）、预警</td><td>5</td><td>移动、专利</td><td>5</td></tr>
<tr><td>数字图书馆、信息服务、移动互联网、学术期刊、挖掘、信息行为、民国时期图书馆、社交媒体、社交网络、群体</td><td>4</td><td rowspan="3">多元信息融合、核函数、开放获取、生物医学、网络信息资源、信息共享、信息聚合、信息质量、竞争情报、学术评价</td><td rowspan="3">2</td></tr>
<tr><td>社会网络、知识组织、图书馆服务、科学数据、情境、公民阅读、农村、计量、竞争情报</td><td>3</td></tr>
<tr><td>电子文件、学科服务、信息扩散、信息素养、情景</td><td>2</td></tr>
</table>

根据表 7–5 可知，图书情报学在社科中的研究主题主要表现为四个方面：第一，图书馆出现频次最高，表明围绕图书馆开展的相关研究一直是图书情报学关注的重要研究领域，近两年该学科对图书馆的相关研究主要集中在服务和资源方面，这说明图书馆的业务核心依旧是向用户提供最好的信息服务和资源。随着信息化网络化的来临，图书馆的研究也需要适应新的时代背景，为了提供更好的用户服务，越来越多的学者开始转向研究移动互联网时代下的图书馆，因此移动互联网在近两年的立项项目中出现概率也比较高。另外，近两年来关于公民阅读权利和民国时期图书馆的研究也是新出现的研究热点，比如保障公民阅读权利的研究、民国时期图书馆学者群体研究等，反映了图书馆研究领域在不断地发掘新的研究热点。第二，信息资源一直都是情报学科的研究重点，它是提高国家竞争力和创新力的重要资源，其重要性一直是大家所认同的，因而它的出现频率也较高。与“信息资源”一起出现较高的关键词是“大数据”和“政府”，这说明信息资源与政府有着密切的关系，另一方面受大数据潮流的影响，学者开始倾向于把图书情报学的研究主题与大数据相结合，希望能够“碰出不一样的火花”。第三，“情报”出现频次仅次于“图书馆”和“大数据”，情报研究一直都是图书情报学重点研究领域，当然情报研究也进入了大数据时代，其中竞争情报是该研究领域的研究热点，除此之外还有专利情报、危机情报。第四，在这个信息爆炸的时代，人们对社会上的各种突发事件有着不同的网络舆论，就叫网络舆情，在图书情报学研究领域，网络舆情的研究越来越被学者重视，近两年关于舆情方面的立项有 9 个，这表明舆情研究正成为图书情报研究学科越来越重视的研究方向，一般结合突发事件来研究其监测、预警、应急机制。

通过分析图书情报学在自科立项的关键词情况，发现其研究主题主要集中在：

（1）情报研究领域。竞争情报的研究是一个重点，研究学者主要采用本体、语义网、数据挖掘等技术，从情报采集、情报机制、情报分析、情报提供等方面展开研究。

（2）计量学研究。计量学研究主要包括科学计量、文献计量、情报计量等方面，目前主要研究学科分析（学科结构、发展现状、研究热点、发展趋势）、机构分析（科研机构、政府、企业、高校）、文献分析（论文、期刊、专利等），计量学已逐渐成为图书情报学核心主题。

（3）知识服务与知识组织研究。知识是我国重要的战略资源，同时也是最重要的生成要素。因此图书情报学领域，与知识相关的研究也是学者追捧的方向，目前知识服务与知识组织成为学科的研究热点，另外，通过立项名称可知该主题主要结合数据挖掘、语义分析以及计量学方法进行分析。

（4）电子政务研究。图书情报学研究领域一直都与政府有着紧密的联系，根据立项名称的主题词分析，大数据与电子政务共现次数为3，可以预见，政府政务也在不断地适应大数据时代的来临，未来一段时间内大数据时代与政府信息结合可能将会成为图书情报领域的研究热点。

根据上述社科与自科立项关键词的分析，可以发现，近两年图书情报学在社科方面更倾向于图书馆方向的研究，而自科方面更多是情报学方面，但立项的特征基本一致：在社科基金中，信息资源、信息服务、信息素养、信息行为、网络舆情、公民阅读、民国时期图书馆、微（信息、服务）知识组织等是研究的重点和热点；在自然科学基金中，计量学、电子政务、竞争情报、本体、数据挖掘、知识服务、信息共享、开发获取、信息聚合等是研究的重点和热点。因为这些国家基金项目研究的期限两年、三年甚至是五年，因此可以把立项主题的研究热点理解为目前甚至未来几年的研究热点。

二、基于 CNKI 的图书情报学研究学者知识图谱分析

随着社会时代的进步，图书情报学研究队伍正不断地扩大，他们是我国图书情报学发展的生力军，也是推动未来图书情报学前进的巨大驱动力。学科的蓬勃发展离不开一支优秀的研究“军队”，尤其是卓越明智的领军人物。

（一）高产作者界定标准

将48 291篇文献数据导入BICOMB软件中进行详细统计，结果表明，2008～2017年间共有27 436位作者在图书情报学18种重要的期刊上发表过论文，这表明近12年间我国图书情报科研界活跃着一支数量将近3万人的庞大研究队伍。这支队伍对我国图书情报学的发展起到的作用不容小觑。本节首先对我国科研研究学者作一个总体的分析，然后在数目众多的研究者中，筛选出具有更典型代表意义的高产作者，最后通过高产作者找出整个图书情报学领域的权威作者。

表7–6是2008～2017年18本图书情报学重要期刊上论文篇数和人数的统计结果，在27 436位作者中，发表1篇论文的作者有15 989人，其比例约为60%，发表2篇的有4 496人。根据洛特卡定律，可以推出发表n篇论文的作者数量大约是发表1篇论文的作者数的$1/n^2$，通过平方反比律，可知所有仅发表1篇论文的作者大约是整个学科领域作者总数的2/3。根据表7–6的数据计算，发表1篇论

文作者的数量恰好符合洛特卡定律，其中发表 1 篇和 2 篇的人数差别最大，而高产作者就需要突破 1 篇到 2 篇的“拐点”，发表更多的论文成果，那发表多少篇论文才算是该学科的高产作者？笔者将引入文献计量学的一个经典定律——普拉斯定律，来定义高产作者的标准。

表 7-6　2008 ～ 2017 年论文篇数和作者数的统计结果

发文数排名	人数	发文数排名	人数	发文数排名	人数
1	15 989	7	401	13	89
2	4 496	8	280	14	89
3	2 142	9	218	15	76
4	1 270	10	205	16	60
5	787	11	141	……	……
6	497	12	108		

普赖斯定律是在洛特卡定律的基础上进一步对学者数量与论文数目的关系，以及处于不同层次水平的学者的定量关系进行深入研究。普赖斯在其撰写的著作《小科学，大科学》中，提出“研究学者的总数目，大概是按照高产学者人数的平方关系而不断增加”。普赖斯定律公式可表示为：

$$\frac{x(1,n_{\max})}{2}=x(m,n_{\max})=x(1,m) \tag{7.1}$$

其中，全部学者所发表论文总数可以记为 $x(m,n_{\max})$，$n_{\max}$ 代表论文发表数量最多的学者发表论文篇数，m 为常数，个人发表论文篇数超过 m 的学者，他们所撰写的论文总数目恰好是所有论文的总数目的 50%，当然，可以看出公式 7.1 中刚好体现总数 50% 的论文。而本节主要的目的是确定 m 值，前人学者根据普赖斯推导得出：

$$m=0.749\times\sqrt{n_{\max}} \tag{7.2}$$

通过上式的推论可得出 m 的取值由该式进行确定。在本研究中，图书情报学发表论文篇数的最多是邱均平，共 190 篇，由此可得到高产作者最低发表论文数为 $0.749\times\sqrt{190}\approx 10$，换而言之，发表论文数量达到 10 篇以上的作者可称为图书情报学研究团队中的高产作者。经过分析发现在 27 436 名作者中，论文达到 10 篇以上的代表作者有 1 356 人。

（二）核心高产作者分布

选择每年为一个时间切片，系统默认的设置，选取“Author”当作节点，把 2008 ～ 2017 年 CNKI 数据导入 BICOMB 软件中可得到由节点和连线组成的近 12 年图书情报学研究主流学术群体及其代表人物的知识图谱，选取出现频次大于 10 的作者出现在图谱中，由于文献数据较大，高产作者数量 1 356 个，得到图谱比较密集，很难看清楚，因而采用至少在 CNKI 上发表 60 篇论文作为筛选条件，可称该图谱呈现的作者是核心高产作者，其中作者节点越大则表示该作者在整学科中占的比重也越大。

为了全面研究核心高产学者的特点，本节统计每个核心高产作者这段时间的发文数量以及其他相关的信息，发文数量可以通过图谱分析结果得到，但获取其他相关信息，需要通过搜索引擎找到他们的基本信息（所属机构、年龄），及通过百度学术检索出每个学者的 h 指数（检索时间 2017 年 2 月 28 日），结果如表 7–7 所示。

表 7–7　图书情报学 2008 ～ 2017 年发表 CNKI 大于 60 篇的核心高产作者（部分）

作者	发论文量	机构	h 指数	年龄
邱均平	190	武汉大学	51	69
朱庆华	168	南京大学	32	53
毕强	155	吉林大学	23	62
苏新宁	133	南京大学	28	61
马海群	132	黑龙江大学	28	52
侯汉清	124	南京农业大学	21	73
郑建明	123	南京大学	25	56
冷伏海	118	中国科学院国家科学图书馆	14	53
孙建军	112	南京大学	18	54
张智雄	110	中国科学院	21	45
韩毅	108	西南大学	18	40
张晓林	106	中国科学院	45	60
靖继鹏	102	吉林大学	22	74
张志强	101	中国科学院	11	52
黄国彬	100	北京师范大学	14	37

续　表

作者	发论文量	机构	h 指数	年龄
胡昌平	99	武汉大学	30	70
谢阳群	99	安徽大学	18	52
柯平	97	南开大学	31	52
张玉峰	97	武汉大学	17	70
马费成	97	武汉大学	35	69
盛小平	97	华南师范大学	31	58
郑彦宁	95	中国科技信息研究所	13	57
王知津	93	南开大学	28	69
祝忠明	92	中国科学院	16	54
肖希明	92	武汉大学	36	61
赵捧未	89	西安电子科技大学	13	68
张文德	88	福州大学	13	54
贾君枝	86	山西大学	10	44
邓胜利	86	武汉大学	17	37

注：数据源于 2008 ～ 2017 年 CNKI 收录关于“图书情报学 18 种核心期刊”的文献。检索条件：文献类型 = 论文，时间为 2008 ～ 2017，期刊名称为 8 种期刊里任意一种

67 位核心高产作者共发文 5 828 篇，人均发文 86 篇。这些作者的职务是大学教授或图书馆研究员，且大部分为博士生导师。笔者采用的文献数据都是源于图书情报学领域具有代表性的期刊，从这些数字可以发现，这些学者在图书情报研究领域已经取得相当的成绩，可称之为该领域的专家，且这些成果正在被大量的学者参考和引用。

根据表 7-7，以第一作者身份发表论文最多的是邱均平教授，他于 2008 ～ 2017 年间共发表 CSSCI 论文 190 篇，其主要研究方向是信息管理、科学计量学、竞争情报、知识管理等。其次是朱庆华教授，于 2008 ～ 2017 年间共发表 CNKI 论文 168 篇，主要从事网络信息资源管理、信息分析与评价、信息政策法规方面的研究工作。

在作者机构分布方面，可知图书情报学的核心高产作者几乎都来自高等院校或科学研究所，其中武汉大学 10 人，中国科学院 10 人，中国科技信息研究所和南京大学 7 人，南开大学和吉林大学各 3 人，北京大学、黑龙江大学、华中师范大学、安徽大学和湘潭大学分别为 2 人，根据表 7-7，还可以发现核心高产作者并不是都来自重点大学，个别高等专科院校也同样可以培养出优秀的学者，如袁

红军就是来自郑州师范高等专科学校的硕士研究生、副研究馆员，通过 CNKI 检索可知，他已发表 140 多篇论文，被引频次最高为 44 次，近 10 年发表 CNKI 核心论文 65 篇。由此可见，高等院校绝对是高产作者研究的肥沃土壤，是发展图书情报学、培养未来研究学者的良好环境。除了重点的院校以外，高等专科院校也需要营造良好的科研氛围，努力培养科研人才。

在年龄方面，这 67 位高产作者中年龄最大的是吉林大学教授靖继鹏，年龄最小的是南开大学博士韩正彪，年龄分布在 51 ～ 60 岁之间的人最多，共 28 人，所占比例 41.8%，由此可见中年学者占据研究队伍的主要地位，这样说明图书情报学的研究需要学者长期的学习和积累，才能取得优秀的研究成果。70 岁以上的高产作者仅有 2 人，所占比例为 3%，而 30 ～ 40 岁之间的有 8 人，所占比例为 12%，41 ～ 50 岁之间的高产作者为 14 人，所占比例为 20.9%，这说明图书情报学领域的研究学者并没有出现“老年化”问题，反而年轻学者正在崛起，相信不久的将来，中青年队伍将成为图书情报学领域的中流砥柱，因此我国图书情报学的发展，不但要重视发挥中老年研究学者的带头作用，更需要培养思维活跃的青年研究学者，建议国家在项目、经费等资源方面可更加倾向于青年学者，重点培养中青年研究学者，为图书情报学注入新鲜的血液。如图 7-2 所示，从年龄方面考虑，可知图书情报学的人才结构属于“储蓄型”，恰好符合学科发展的特点。

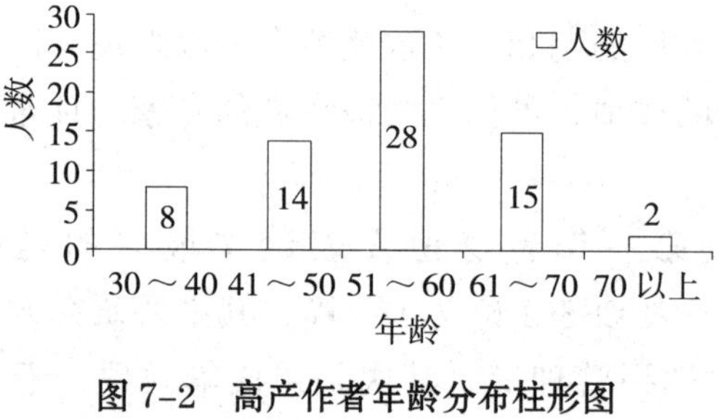

图 7-2 高产作者年龄分布柱形图

（三）权威作者的确定

一个科学研究人员的学术成就以及影响力大小，主要体现在他的研究成果是否发表数量以及被引用次数。2005 年，美国加利福尼亚大学的物理学家 Jorge Hirsch 提出一种评价学者的指标，它既能反映学者研究成果产出的数量，又可以同时反映该作者学术论文影响力的大小，这个新的指标称为 h 指数，它是一个混合量化指标，其目的是量化科研人员作为独立个体的研究成果，主要用于评估研究人员的学术产出数量与学术产出水平。一个人的 h 指数越高，则代表其学术论文影响力越大。*Nature* 杂志编辑称 h 指数是对科学家做出公正排序的指标，因而一经问世获得广大学者的好评。当评价对象发表的论文有 *n* 篇论文的被引次数大于等于 *h*，且其余论文的被引次数都小于 *h* 时，此 *h* 值即为该评价对象的 h 指数。

通过高产作者发表论文的数量以及其对应的 h 指数，得到两者的走势图（图 7–3），传统评价学者研究成果的方法，仅仅是通过发表论文的数量，但根据图 7–3 可了解到，数量越多的高产作者，h 指数不一定就越大，因此在评价学者研究成果时，不仅仅通过“量”来考虑，更要结合“量”来评价。从而可以采用 h 指数来界定图书情报学领域的权威代表人物。

根据百度学术，查询所有高产学者的 h 指数，得到结果如图 7–3 所示。将 h 指数大于等于 25 的高产作者认定为高产作者中的核心作者，也就是图书情报学界的权威代表人物。通过筛选得到权威作者，并且通过检索得到这 15 位学者所有的成果数以及成果的被引频次总次数（检索时间：2017 年 2 月 28 日），如表 7–8 所示。

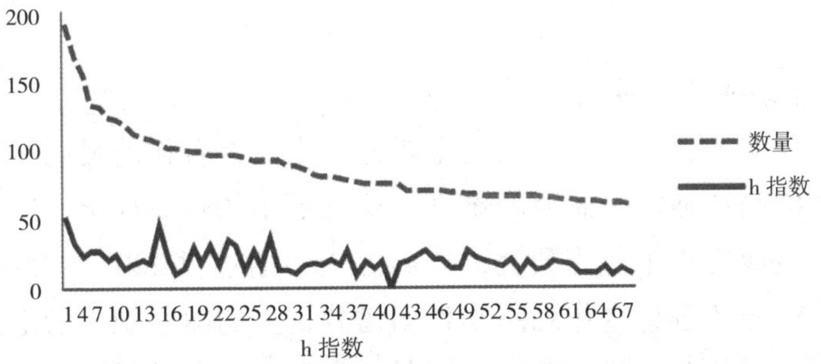

图 7–3　高产作者发表论文的数量以及 h 指数走势图

表 7–8　h 指数大于等于 25 的图书情报学权威作者

作者	被引频次	成果数	h 指数
邱均平	11 989	645	51
张晓林	7 682	249	45
蒋永福	5 569	156	45
肖希明	3 824	196	36
马费成	4 569	203	35

续 表

作者	被引频次	成果数	h 指数
朱庆华	3 697	271	32
柯平	3 235	224	31
盛小平	2 729	145	31
胡昌平	2 681	179	30
苏新宁	2 624	225	28
马海群	3 415	329	28
王知津	3 964	340	28
刘兹恒	2 528	149	27
黄晓斌	2 817	156	27
郑建明	2 393	200	25

其中 h 指数最高的是武汉大学邱均平教授为 51，他的论文成果不仅数量最多，共 645 篇，而且被引次数也最高，共 11 989 次；其次是张晓林教授，h 指数为 45，被引频次共 7 682 次，成果数共 249 篇。这 15 位权威作者都是图书情报学领域的“领头羊”，他们的学术成果不仅兼顾“质”和“量”，还是整个图书情报学界的方向标。

（四）学者合作网络分析

学者科研合作一直是科学研究的主要方式之一，合作的目的主要为拓展学科纵向研究、突破和加强学科研究的难度、获取更多的科研成果。因而了解图书情报学学者合作也成为本书重点研究的内容之一。通过对 2008 ～ 2017 年间图书情报学发表文献的作者进行合作网络知识图谱分析，构建直观、清晰的学者合作网络图谱，进而分析整个学科学者合作情况。由于知识图谱所涉及数据量较大，为了简化合作网络，仅选取发表论文排名前 200 的学者进行分析，绘制近年来我国图书情报学学者合作网络图谱。

我国图书情报学研究学者合著关系非常紧密，根据高产作者合作网络知识图谱，再结合前文研究得到的该学科权威核心作者，可以得出该学科目前有以下几个主要的研究团队。

（1）武汉大学邱均平团队，以杨思洛、文庭孝、赵蓉英、张洋、余以胜等学者为主要成员，该团队研究领域主要包括信息计量与科学评价、知识管理与竞争情报、网络计量与信息管理。

（2）中国科学院情报中心张晓林、张智雄团队，主要合著作者包括黄国彬、祝忠明、刘细文、吴振新、孙坦、马建霞、吴新年等学者，其中张志雄与吴振新联系最紧密，孙坦与黄国彬联系紧密，主要研究主题是数字图书馆、开放获取、知识服务、信息抽取、本体、数字长期保持等。

（3）南京大学苏新宁团队，主要合作人员包括王昊、邓三鸿、章成志、许鑫、杨建林、王东波等，其主要研究领域为知识组织与知识管理、信息分析与科学评价、电子政务。

（4）中国科学技术信息研究所，武夷山、俞立平、潘云涛三个学者合作非常紧密，然后再与郑彦宁、成颖、孙建军等学者形成一个研究团队，目前研究方向主要是信息分析、科学计量学、竞争情报。

（5）南开大学情报科学研究所以王知津、韩正彪和周鹏为首的团队，主要成员有刘冰、严贝妮等学者，该团队研究主要方向是竞争情报与竞争战略、信息管理与信息系统、战略信息管理等。

（6）武汉大学胡昌平研究团队，主要合著作者包括邓胜利、赵杨、罗贤春、胡吉明、张敏、谢阳群等，研究方向有信息服务、信息管理等。

（7）吉林大学以毕强为首的研究团队，主要合著作者包括韩毅、牟冬梅、滕广青、李贺等，主要研究方向是数字图书馆、知识管理与组织、信息资源管理、电子政务等方面。

（8）南京大学以朱庆华为首的团队，主要包括袁勤俭、赵宇翔、朱学芳、刘漩等学者，与赵宇翔合作最密切，主要研究方向为网络信息资源管理、信息分析与评价等。

（9）武汉大学以马费成为首的团队，主要团队人员包括焦玉英、夏义堃、王玉林、黄如花、吴振新等，主要研究方向为信息经济、信息资源管理与规划、情报学等。

（10）武汉大学——肖希明为首的团队，主要团队人员有司莉、黄如花、叶鹰、盛小平等学者，研究方向是信息资源建设、图书馆管理、公共数字文化资源等。

（11）华东师范大学李国秋和吕斌两名学者形成独立研究团队，主要研究方向是情报学，如竞争情报、情报检索、情报学理论与教育等。

三、基于 CNKI 的图书情报学主题演化知识图谱分析

21 世纪信息化时代的图书情报学充满未知的机遇和挑战，图书情报学的研

究领域不再是单一的文献信息，而更多的是数字图书馆、知识服务、竞争情报、网络信息化等等方面，图书情报学的研究重点正在转向信息资源管理，图书情报学的学科范式也由图书情报学转向信息管理学，因而，很有必要对图书情报学研究主题的演化方式进行分析，如研究该学科目前的研究热点在哪里、如何转变等问题。

关键词是从文献中提炼出的能够代表文献研究内容、揭示文献本质的词语或者词组。关键词体现出一篇文献的核心观点和研究主题，同时也是研究内容以及研究方法的凝练和概括，因此常常将关键词作为文献计量分析的一个重要指标。关键词的词频统计是一种基于定性分析的量化研究方法，它很巧妙地将用语言表示的文献转换成为用数量表示的信息，并用数字描述分析统计结果。根据统计结果可以判定，某个关键词或词组出现得越频繁，表明该学科领域对这一方面的关注度越高，可能是一个研究热点。因此通常情况下，对文献的关键词进行统计后，可以将频次高的关键词确定为一个研究领域的热点所在。

文献检索发现，目前关于图书情报学研究主题的分析较多，大多数采用信息可视化技术或者共词分析等方法分析文献关键词，如 2011 年王莉亚等学者基于共词分析对近十年国外图书情报学研究主题分析，2012 年杨爱青学者利用共词分析的聚类方法和战略坐标方法分析近十年图书情报学的研究主题。但不难发现，大部分学者都是静态地分析图书情报学研究主题的演化，本书在结合前学者的基础上，利用共词分析法、聚类分析和战略坐标法来动态分析我国图书情报学的研究主题演化规律，通过三个不同时间段的研究主题分布情况，来验证图书情报学研究主题的发展是否符合战略坐标图四个象限的规律。

以前面整理的图书情报学领域 18 种重要核心期刊 2003 ～ 2014 年的文献数据作为分析数据，采用知识图谱理论中的共词分析方法来实现该学科研究主题微观层面上的实证分析，以 4 年为一个时间段，运用 BICOMB 软件确定高频关键词，生成共词矩阵，而后在此基础上运用聚类分析、类团关系分析和战略坐标法进行研究，分别生成三个时间段的战略坐标图。形象的展现我国图书情报领域不同时期的研究热点以及研究主题演化规律。

（一）2003 ～ 2006 年图书情报学研究主题分析

1. 高频关键词的确定

依据齐普夫第二定律来确定高频关键词的分界点，该定律是由布什（B. Booth）首先提出来的，揭示了低频词的频次与词数关系。经过推导，该定律表示为：

$$\frac{X_n}{X_1}=\frac{2}{n(n+1)}\text{的}(n=2,3,4\cdots) \quad (7.3)$$

其中，X 为出现 n 次的词的个数，X_1 为仅出现一次的词的数量。后来 Donohue 根据齐普夫第二定律推导出高频低频词分界公式：

$$C=\frac{-1+\sqrt{1+8X_1}}{2} \quad (7.4)$$

C 为高频词和低频词的分界频次，X_1 为出现一次的词的数量。如 $C=50$ 表示出现频次大于等于 50 的为高频词，其余的为低频词。

2006 ～ 2009 年间该阶段共有 14 170 篇论文，年均 3 542 篇，运用 BICOMB 软件对 2003 ～ 2006 年有效文献进行关键词统计，得到 53 684 个关键词，其中不同关键词为 18 223 个，关键词频次为 1 的个数为 12 260。该软件除了显示出现频次外，还显示每一个关键词的百分比及累计百分比。根据齐普夫第二定律提出的高频低频词界计算方法，计算得到 2006 ～ 2009 年图书情报学领域高频关键词的分界点为 156，累计百分比达到 31.5%，符合“二八法则”。另外，通过 BICOMB 软件统计的关键词是按照频次高低来排序的，第 156 个关键词的出现频次为 35，由于篇幅的有限，无法将 156 个关键词一一列出，仅针对频次高于 100 的核心关键词进行分析，经过统计发现出现频次大于 100 的高频关键词共有 33 个，如表 7–9 所示。

由表 7–9 可知，2006 ～ 2009 年出现频次大于 100 次的高频关键词有 33 个，这 33 个关键词代表这段时间内核心的研究热点。图书情报学是一个综合性学科，主要包括图书馆学和情报学，针对这段时期图书情报学出现的研究热点，可以从图书馆学和情报学这两个方面对这些研究热点进行初步分析。

从图书馆学方面分析，主要与“图书馆”相联系的关键词包括数字图书馆（1119）、高校图书馆（833）、公共图书馆（306）、图书馆员（150）、图书馆学（270）、图书馆管理（286）、读者服务（181）、图书馆服务（192）、图书馆事业（108）、复合图书馆（75）等，初步确定我国图书馆学领域主要研究对象集中在数字图书馆、高校图书馆、公共图书馆、复合图书馆、社区图书馆，主要研究方向是图书馆服务及图书馆建设、图书馆联盟和图书馆精神。

表 7-9　2006 ～ 2009 年图书情报学研究领域高频关键词（部分）

关键词	出现频次	关键词	出现频次	关键词	出现频次
图书馆	1 629	竞争情报	240	信息管理	142
数字图书馆	1 119	情报学	230	数据挖掘	140
高校图书馆	833	搜索引擎	206	网络信息	137
信息服务	649	资源共享	219	XML	133
知识管理	452	图书馆服务	192	参考咨询	131
信息资源	401	数据库	184	知识服务	120
网络环境	378	网络信息资源	172	电子商务	113
信息检索	362	元数据	167	电子政务	110
公共图书馆	306	信息组织	159	信息技术	110
图书馆管理	286	图书馆员	150	知识产权	110
图书馆学	270	个性化服务	142	图书馆事业	108

从情报学方面分析，主要与“情报学”相关的关键词包括信息服务（649）、信息资源（401）、竞争情报（240）、信息检索（362）、网络信息资源（172）、信息组织（159）、信息管理（142）、网络信息（137）、信息系统（81）、信息安全（79）等，初步确定我国情报学领域主要研究方向是信息服务、信息资源、信息组织、竞争情报、信息安全、信息系统等方面。

另外，通过观察其他关键词，可知我国图书情报学还在电子商务、电子政务、知识产权、目录学方面有较多的研究，在研究中运用到的技术主要包括元数据、资源整合、数据挖掘、本体、XML、文献计量学等。

2. 高频关键词矩阵的建立

若两个关键词同时出现在一篇文献中，就称它们之间存在共现关系，且它们之间共现次数越多，则表明两者的研究主题越接近，关系越紧密。通过 BICOMB 软件，对 2006 ～ 2009 年排名前 156 的高频关键词进一步建立共词矩阵，对阈值处于 [35，1 629] 的高频关键词进行共词矩阵的生成，如表 7-10 所示。

表 7-10　2006 ～ 2009 年图书情报学研究领域高频关键词共现矩阵（部分）

	1	2	3	4	5	6	7	8	9
1	1 629	24	0	145	80	42	85	2	3
2	24	1 119	21	50	21	40	13	17	9

续　表

	1	2	3	4	5	6	7	8	9
3	0	21	833	77	11	20	58	3	1
4	145	50	77	649	14	35	57	9	15
5	80	21	11	14	452	3	4	2	0
6	42	40	20	35	3	401	26	7	2
7	85	13	58	57	4	26	378	6	6
8	2	17	3	9	2	7	6	362	0
9	3	9	1	15	0	2	6	0	306

注：1.图书馆；2.数字图书馆；3.高校图书馆；4.信息服务；5.知识管理；6.信息资源；7.网络环境；8.信息检索；9.公共图书馆

由学者的研究发现，共词矩阵仅仅简单地展现出的关键词之间的关联，若要深入揭示两个关键词之间的共现关系，需要剔除共词矩阵中不同关键词频次绝对值差异的影响，因此在聚类之前，先对数据进行标准化处理，引入 Salton 余弦系数对原来的共词矩阵进行预处理，而后将共词矩阵转换成相似矩阵。

其中 Salton 系数计算公式为：

$$S=\frac{n_{ij}}{\sqrt{n_j n_i}} \tag{7.5}$$

其中 S 为关键词 i 和关键词 j 的共现相对强度，n_{ij} 表示关键词 i 和 j 共现的频次，n_i、n_j 分别表示关键词 i 和 j 的频次。利用 Salton 指数，将完整的 156 × 156 的共现矩阵导入 SPSS 软件中，得到高频关键词的相似矩阵，如表 7-11 所示。

表 7-11　图书情报学研究领域高频关键词相似矩阵（部分）

	1	2	3	4	5	6	7	8	9
1	1	0.046	0.018	0.309	0.225	0.143	0.28	0.013	0.022
2	0.046	1	0.052	0.131	0.072	0.145	0.064	0.068	0.043
3	0.018	0.052	1	0.214	0.044	0.089	0.229	0.018	0.016

续 表

	1	2	3	4	5	6	7	8	9
4	0.309	0.131	0.214	1	0.098	0.177	0.291	0.048	0.079
5	0.225	0.072	0.044	0.098	1	0.046	0.068	0.016	0.007
6	0.143	0.145	0.089	0.177	0.046	1	0.174	0.049	0.024
7	0.28	0.064	0.229	0.291	0.068	0.174	1	0.042	0.048
8	0.013	0.068	0.018	0.048	0.016	0.049	0.042	1	0.004
9	0.022	0.043	0.016	0.079	0.007	0.024	0.048	0.004	1

注：1. 图书馆；2. 数字图书馆；3. 高校图书馆；4. 信息服务；5. 知识管理；6. 信息资源；7. 网络环境；8. 信息检索；9. 公共图书馆

3. 高频关键词聚类分析及研究主题的确定

通过对关键词进行聚类分析，把联系紧密的关键词聚集在一起，表达某一研究主题。将表 7–11 所述的矩阵输入 SPSS 中，对其进行聚类分析，挖掘高频关键词矩阵中相似性最大的，形成一个类团，从而揭示我国图书情报学领域的研究主题。本研究选择系统聚类中欧几里得距离作为变量距离的测量方法，采用平均连接法作为类间距离的计算方法，最后通过聚类分析得到聚类树状图。根据聚类结果，把一些零散、没有聚为一类的关键词删除，同时参考相关的文献，最终确定 156 个高频关键词，聚为 15 类，即图书情报学领域研究的 15 研究主题。

在确定研究主题的名称时，本书引入钟伟金等学者提出“黏合力思想”，用以衡量类团内各主题词对聚类成团的贡献程度，表达每个主题在类团中所起作用。“黏合力思想”可以概括为在类团中，黏合力度最大的主题词称为中心主题词，中心主题词可以代表该类团的核心概念，因而在确定类团的名称时起至关重要的作用。计算公式为：

$$N(E_i)=\frac{1}{n-1}\times\sum_{j=1}^{N\neq i}M(E_i\rightarrow F_j) \qquad (7.6)$$

其中，$N(E_i)$ 表示关键词 A_i 的黏合度，$M(E_i\rightarrow F_j)$ 表示关键词 E_i 与同一类团其他关键词的共现次数，n 表示该类团拥有的关键词个数。根据上述公式，计算出类团中每个关键词的黏合力度值，基于该值，黏合度越高的词贡献度越大，然后对 15 个类团进行主题的分析，最终得到的结果如表 7–12 所示。

表 7-12　2006～2009 年图书情报领域研究主题分类

类别	主题名称	关键词（黏合力度）
1	图书情报学理论研究	图书馆学（23.75）、情报学（28）、理论研究（8.5）、学科建设（5.25）、核心期刊（4.5）
2	知识管理与知识服务研究	知识管理（19.7、知识共享（7.5）, 隐性知识（6.7）、知识库（3）、知识服务（7.8）、知识经济（3.7）
3	数据挖掘研究	数据挖掘（16.5）、数据仓库（15）、个性化信息服务（5.6）
4	高校图书馆大学生信息素质以及学科馆员研究	信息素质（5.9）、素质教育（5.4）、学科馆员（4.1）、高校图书馆（10.4）、大学生（7）、信息素养（3.6）、信息素质教育（3.6）、大学图书馆（1.8）、文献检索课（1.7）
5	网络环境下图书馆读者服务与人力资源研究	网络环境（14.6）、服务创新（3.4）、读者服务（11.6）、图书馆（34.9）、人力资源管理（3.3）、人力资源（4.4）、人文精神（4.1）、服务质量（3.7）
6	信息服务与参考咨询研究	信息服务（12）、信息需求（2.8）、用户需求（1.5）、个性化服务（4.5）、用户研究（0.8）、个性化（0.9）、信息咨询（2.1）、参考咨询（5）、数字参考咨询（3.6）、虚拟参考咨询（2.9）、咨询服务（1.7）
7	资源共享与图书馆联盟研究	资源共享（5.1）、复合图书馆（0.6）、信息资源建设（1.2）、文献资源（0.7）、地方文献（0.8）、开发利用（0.4）、馆际互借（1.1）、图书馆联盟（2.4）、资源建设（1.2）、资源整合（1.3）、数字资源（1.6）
8	信息检索与信息组织研究	信息检索（10.4）、搜索引擎（5.8）、网络信息（3.4）、因特网（2.4）、信息组织（5.9）、信息构建（2）、知识组织（3.4）、本体（4.5）、语义网（3.7）、图像检索（1）、本体论（2.3）、Ontology（2.5）
9	公共图书馆管理与服务研究	公共图书馆（6.25）、社区图书馆（3）、图书馆建设（2.2）、图书馆事业（3）、图书馆精神（1.8）、图书馆工作（1.2）、可持续发展（1.8）、图书馆管理（5）、图书馆服务（4.5）、图书馆建筑（0.9）、管理模式（1.7）、以人为本（2.7）

续 表

类别	主题名称	关键词（黏合力度）
10	全文数据库与电子期刊研究	电子期刊（2.3）、目录学（0.3）、比较研究（1.4）、全文数据库（2.6）、数据库（2）、文献检索、WEB（1.2）、系统设计（0.4）
11	网站评价与评价指标研究	指标体系（2.3）、层次分析法（2）、评价指标（3.3）、网络信息资源（2.3）、网站评价（3.3）
12	文献计量学研究	文献计量学（4.8）、引文分析（3.8）、统计分析（3.5）、竞争情报（2）、定量分析（2）
13	信息安全、信息管理以及电子政务研究	信息安全（3.5）、网络安全（1.8）、互联网（0.8）、信息交流（0.8）、电子政务（2.5）、信息资源共享（0.9）、信息管理（2.5）、信息系统（1.9）、信息公开（1.3）
14	数字图书馆与知识产权研究	XML（4.1）、MARL（3.1）、机读目录（1）、数字图书馆（21.5）、互操作（5）、元数据（9.1）、体系结构（1.9）、著作权（4.3）、知识产权（5.2）、版权（3）、版权保护（3.1）、合理使用（3.6）
15	企业信息化研究	电子商务（2.2）、企业信息化（3.4）、信息资源管理（2.8）、信息化（3.6）、信息技术（2.8）、数字鸿沟（1.6）

4. 研究主题战略坐标分析

在共词分析和聚类分析结果的基础之上，采用绘制战略坐标图的方法，可形象化展现每个研究主题内部关联度以及主题与主题间的相互影响，进而展现学科内研究主题的演化发展情况。绘制战略坐标图主要是以向心度为横轴、密度为纵轴，以所有研究主题的向心度和密度的平均值作为坐标原点，目前主要使用以下公式来计算向心度（C）和密度（P）：

$$P=\frac{\sum_{ij\in Q_S}E_{ij}}{n-1}(i\neq j) \tag{7.7}$$

$$P=\frac{\sum_{i\in Q_S,j\in(Q-Q_S)}E_{ij}}{N-n}(i\neq j) \tag{7.8}$$

其中，E_{ij} 是关键词的共现频次，n 是某一研究领域中关键词的数目，N 是共词矩阵中所有关键词的数目，Qs 指的是一个研究领域，Q 指的是全部的研究领域总体，根据高频关键词共现矩阵和聚类分析的结果，计算 15 个类团每个研究主题的向心度和密度，如表 7–13 所示，然后基于向心度与密度的数值绘制图书情报学 2006 ～ 2009 年研究主题的战略坐标图，如图 7–4 所示。

表 7–13　2006 ～ 2009 年图书情报学研究主题的向心度、密度

类团	1	2	3	4	5	6	7	8
向心度	–2.8	0.5	–4.0	1.4	7.6	4.8	0.3	1.0
密度	12.6	7.4	–6.9	4.0	19.6	2.6	–14	6.1
象限	二	一	三	一	一	一	四	一
类团	9	10	11	12	13	14	15	17
向心度	0.1	–1.2	–3.2	–3.4	–1.9	3.4	–2.5	–0.8
密度	0.9	–10.4	–10.2	–9.0	–8.4	13.9	–8.6	–5.9
象限	一	三	三	三	三	一	三	一

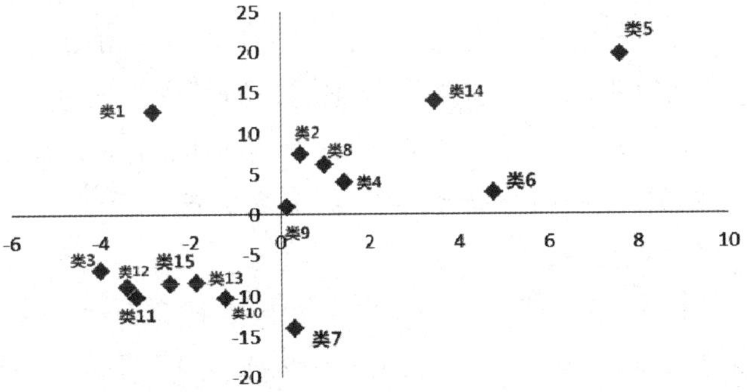

图 7–4　2003 ～ 2009 年图书情报学研究主题战略坐标图

从各主题所处的象限分布状况来看，位于第一象限内的主题包括 7 个主题，分别为类 2（知识管理与服务研究）、类 4（高校图书馆大学生信息素质研究）、类 5（网络环境下图书馆读者服务与人力资源研究）、类 8（信息检索与信息组织研究）、类 6（信息服务与参考咨询研究）、类 9（公共图书馆管理与服务研究）、类 14（数字图书馆与知识产权研究），说明这 7 个主题密度和中心度都较高，内部联系比较紧密，且与其他的研究主题存在广泛且密切的关联，它们属于 2006 ～ 2009 年间发展较稳定的研究，且处于研究网络的中心。类 5 研究主题的向心度和密度均最高，这说明 2006 ～ 2009 年间，类 5 里面的研究热点联系密切，且对整个学科的影响力也较大，该研究主题是当时主流的研究。另外，其他处于第一象限的主题类团也同样是图书情报学的活跃研究主题。

战略坐标图第二象限仅有一个类团——类 1（图书情报学理论研究）。该主题内部关联比较紧密，已经自身形成相对独立的研究领域，但向心度小，则表示该主题与其他研究主题的联系不是很密切，在学科中表现较“封闭”，处于边缘阶段，在未来的研究中若没有得到有效的发展，可能会慢慢消失。

位于密度和向心度都较低的第三象限的主题有类 3（数据挖掘研究）、类 10（全文数据库与电子期刊研究）、类 11（网站评价与评价指标研究）、类 12（文献计量学研究）、类 13（信息安全、信息管理与电子政务研究）、类 15（企业信息化研究），这些研究主题内部结构不紧密，与其他研究主题也没有很强的关联度，属于 2006 ～ 2009 年边缘不成熟的研究领域，有待进一步发展。

战略坐标图第四象限的研究主题仅有一个类团——类 7（资源共享与图书馆联盟研究），这说明该主题的向心度高，与其他主题联系紧密，在所属的领域表现也较活跃，是整个研究领域受重视的研究主题，但其密度较低，主题自身内部结构不紧密，以致主题容易被分解。总体来说，该领域的研究主题发展潜力很大。

（二）2010 ～ 2013 年图书情报学研究主题分析

1. 高频关键词的确定

以图书情报学 18 种核心期刊为检索对象，检索到 2010 ～ 2013 年间该阶段共有 16 177 篇论文，年均 4 044 篇，比 2003 ～ 2006 年期间多 1 467 篇论文。运用 BICOMB 软件，对 2010 ～ 2013 年有效文献进行关键词统计，得到 63 992 个关键词，其中不同关键词为 23 766 个，关键词频次为 1 的个数为 17 395，根据齐普夫第二定律提出的高频低频词界计算方法，计算得到 2010 ～ 2013 年图书情报学领域高频关键词的分界点为 186，累计百分比达到 27.9%，符合“二八法则”。另外，通过 BICOMB 软件统计的关键词是按照频次高低来排序的，第 186 个关键词的出现频次为 35，由于篇幅有限，本书无法将 186 个关键词一一列出，仅针对频次高于 100 的核心关键词进行分析，经过统计发现，出现频次大于 100 的高频关键词共有 38 个，如表 7-14 所示。

表 7–14　2010 ～ 2013 年图书情报学高频关键词（部分）

关键词	出现频次	关键词	出现频次	关键词	出现频次
图书馆	1 856	知识服务	194	信息共享空间	118
高校图书馆	941	图书馆管理	180	网络环境	117
数字图书馆	607	资源共享	176	引文分析	115
公共图书馆	601	Web2.0	165	服务模式	114
信息服务	495	电子政务	159	图书馆事业	114
知识管理	448	知识共享	155	图书馆联盟	110
竞争情报	322	读者服务	147	搜索引擎	110
图书馆学	259	图书馆员	141	电子资源	108
信息资源	259	数字资源	140	信息资源共享	105
情报学	247	数据挖掘	140	个性化服务	104
本体	241	学科馆员	132	比较研究	103
图书馆服务	223	开放存取	131	知识转移	103
信息检索	196	大学图书馆	124		

由表 7–14 可知，2010 ～ 2013 年出现频次大于 100 次的高频关键词有 38 个，这 38 个关键词代表这段时间内最核心的研究热点。针对这段时期图书情报学出现的研究热点，可以从图书馆学和情报学这两个方面对这些研究热点进行初步分析。

从图书馆方面，与其相关的关键词包括图书馆、高校图书馆、数字图书馆、公共图书馆、图书馆学、图书馆服务、图书馆管理、读者服务、图书馆员、学科馆员、大学图书馆、图书馆事业、图书馆联盟等，其中大部分是属于研究对象的词汇，而图书馆服务、图书馆管理、图书馆事业和图书馆联盟属于研究方向领域。

从情报学方面研究，与情报学相关的关键词包括信息服务、知识管理、竞争情报、信息资源、情报学、信息检索、知识共享、信息共享空间、知识转移等，其中信息服务出现频次最高，为 495 次，相对于 2006 ～ 2009 年来说有所降低，且信息检索和信息资源出现频次都有所降低，竞争情报出现频次却增加。同时，对比表 7–12 和表 7–14，发现知识共享、信息共享空间和知识转移都是新增的高频核心词汇，这说明 2010 ～ 2013 年间知识共享、信息共享空间和知识转移这三个是新兴的核心热门领域。

从学科研究技术理论来分析，该时间段最主要的研究技术是本体、Web、数据挖掘、引文分析等方向，其中本体是 2010 ～ 2013 年间最受欢迎的研究技术理论，这说明它属于当前研究的核心方法。

2. 高频关键词矩阵的建立

利用 BICOMB 软件，确定 2010 ～ 2013 年的 186 个高频关键词后，对这些高频关键词进行共现矩阵分析，设定关键词阈值位 [35，2 000]，利用该软件自带的共现矩阵功能，即可得到 2010 ～ 2013 年高频关键词 186 × 186 的共现矩阵，如表 7–15 所示。

表 7–15　2010 ～ 2013 年图书情报学研究领域高频关键词共现矩阵（部分）

	1	2	3	4	5	6	7	8	9	10
1	1 856	1	7	6	107	50	0	28	1	13
2	1	941	11	14	59	12	1	11	0	8
3	7	11	607	1	19	8	0	8	23	5
4	6	14	1	601	16	1	0	1	0	28
5	107	59	19	16	495	6	2	16	1	5
6	50	12	8	1	6	448	13	2	7	3
7	0	1	0	0	2	13	322	0	3	0
8	28	11	8	1	16	2	0	259	0	0
9	1	0	23	0	1	7	3	0	241	0
10	13	8	5	28	5	3	0	0	0	223

注：1. 图书馆；2. 高校图书馆；3. 数字图书馆；4. 公共图书馆；5. 信息服务；6. 知识管理；7. 竞争情报；8. 信息资源；9. 本体

再将完整的 186 × 186 的共现矩阵导入 SPSS 软件中，得到高频关键词的相似矩阵，如表 7–16 所示。

表 7–16　2010 ～ 2013 年图书情报学研究领域高频关键词相似矩阵（部分）

	1	2	3	4	5	6	7	8	9
1	1	–0.015	–0.003	–0.004	0.247	0.118	–0.018	0.103	–0.016
2	–0.015	1	0.01	0.021	0.155	0.016	–0.015	0.034	–0.022
3	–0.003	0.01	1	–0.015	0.047	0.01	–0.019	0.023	0.115
4	–0.004	0.021	–0.015	1	0.039	–0.016	–0.017	–0.013	–0.02
5	0.247	0.155	0.047	0.039	1	0.024	–0.012	–0.092	–0.016
6	0.118	0.016	0.01	–0.016	0.024	1	0.05	–0.022	0.025
7	–0.018	–0.015	–0.019	–0.017	–0.012	0.05	1	–0.021	0.004
8	0.103	0.034	0.023	–0.013	0.092	–0.002	–0.002	1	–0.02
9	–0.016	–0.022	0.115	–0.02	–0.016	0.025	0.025	–0.02	1

注：1. 图书馆；2. 高校图书馆；3. 数字图书馆；4. 公共图书馆；5. 信息服务；6. 知识管理；7. 竞争情报；8. 信息资源；9. 本体

3. 高频关键词聚类分析及研究主题的确定

把 2010 ～ 2013 年生成的高频关键词相似矩阵导入 SPSS 软件，采用平均连接法作为类间距离的计算方法进行聚类分析，得到聚类树状图。根据聚类结果，把一些零散、没有聚为一类的关键词删除，同时参考相关的文献，通过分析，最终确定把 186 个高频关键词聚为 18 类较为合理，即图书情报学领域研究的 18 研究主题，如表 7–17 所示。

表 7–17　2010 ～ 2013 年图书情报领域研究主题分类

类别	主题名称	关键词（黏合力度）
1	图书情报理论研究	图书馆学（27）、情报学（27.3）、研究方法（5.7）、学科建设（4.3）、信息生态（2.1）、理论研究（7.3）
2	知识管理研究	知识共享（7.4）、隐性知识（4.4）、知识转移（4.4）、知识管理（12.5）、知识地图（1.8）、知识创新（2.8）、知识服务（3.5）、知识网络（1.5）、信息系统（0.8）、信息管理（1.7）、影响因素（3）、实证研究（2）、社区网络（1.2）

续 表

类别	主题名称	关键词（黏合力度）
3	数据挖掘与关联规则研究	信息检索（2.8）、向量空间模型（2）、文本挖掘（1.3）、数据挖掘（6.3）、关联规则（5）、知识发现（2）、个性化服务（1.5）
4	信息素质教育研究	信息素质（4）、信息素质教育（4.8）、大学生（6）、信息素养（4）、高校（1.8）
5	网络环境下大专院校图书馆以及读者服务研究	网络环境（2.9）、服务创新（2.1）、图书馆（23.7）、大专院校（4.2）、核心价值（3）、人力资源管理（1.5）、读者服务（3.2）、读者（1.8）、服务（2）、图书采访（1.3）、读者满意度（1.2）、危机管理（2）
6	信息服务与信息需求研究	信息服务（7）、个性化（2）、用户需求（1.7）、信息需求（2.2）、个性化信息服务（0.5）、参考咨询（1.3）、数字参考咨询（1.3）
7	信息资源共建共享研究	信息资源（9.7）、共建共享（9）、文献资源（2.7）、信息资源整合（2）
8	基于本体或语义网的知识组织与信息组织研究	本体（9.1）、语义网（3.9）、叙词表（2.4）、领域本体（1.8）、信息抽取（1.2）、知识库（1）、知识组织（3.4）、信息组织（2.2）、信息构建（1）、模型（1.4）
9	公共图书馆与图书馆服务研究	图书馆建设（1.2）、社区图书馆（1.1）、可持续发展（1.7）、农家书屋（0.8）、公共图书馆（7.8）、政府信息公开（1.4）、基层图书馆（1.8）、图书馆服务（4.2）、图书馆事业（2.1）、图书馆法（0.8）、图书馆精神（0.6）、图书馆管理（2.5）、图书馆员（0.5）、图书馆建筑（0.5）
10	企业竞争情报研究	竞争情报（13.8）、企业（9.5）、竞争情报系统（3.5）、情报分析（2.5）、专利分析（1.3）
11	基于层次分析法的用户满意度与评价指标研究	服务质量（3.6）、用户满意度（9.6）、评价体系（2.4）、指标体系（2.8）、层次分析法（4.4）、评价指标（3.8）
12	文献计量学研究	文献计量（2.1）、统计分析（1.3）、文献计量学（2.1）、定量分析（0.7）、图书情报学（2.1）、核心期刊（1.7）、期刊评价（2.2）、影响因子（1.3）、h 指数（2.7）、CSSCI（2）、引文分析（5）、信息可视化（0.5）、共词分析（1.7）

续 表

类别	主题名称	关键词（黏合力度）
13	电子政务、政府信息研究	电子政务（5.3）、信息资源管理（1.9）、信息共享（1.6）、政府信息（4.3）、信息公开（3.6）、政府信息资源（2.3）、绩效评估（1）
14	数字图书馆与知识产权研究	著作权（3.6）、合理使用（2.9）、版权（3.1）、知识产权（3.3）、学位论文（1.6）、数字图书馆（12.6）、网格（2.3）、个性化服务（2.6）、开源软件（1.3）、云计算（1.2）
15	机构知识库与开放存取研究	机构知识库（8.7）、开放获取（4.3）、开放存取（6）、网络资源（1）
16	资源共享与图书馆联盟研究	资源共享（11.8）、图书馆联盟（7.3）、文献传递（8.3）、馆际互借（8.3）、CALIS（3.5）
17	Web2.0 研究	Web2.0（5.6）、图书馆 2.0（3.9）、RSS（1.4）、博客（1.4）、资源整合（0.7）、OPAC（2）、网络信息（1）、搜索引擎（2）
18	高校图书馆与学科馆员研究	大学图书馆（5.5）、信息共享空间（8.2）、学科馆员（13.3）、学科服务（6.2）、高校图书馆（19.3）、服务模式（11）、管理模式（2.2）

4. 研究主题战略坐标分析

根据高频关键词共现矩阵和聚类分析的结果，按照前文介绍的方法计算 18 个类团每个研究主题的向心度和密度，如表 7–18 所示。

表 7–18　2010 ～ 2013 年图书情报学研究主题的向心度、密度

类团	1	2	3	4	5	6	7	8	9
向心度	1.2	2.2	–0.9	–2	6.2	1.5	–1.2	–0.3	0.9
密度	11.4	7.7	–4.84	–4.8	9.9	–6.9	–5.1	–1.4	–1.3
象限	二	一	三	三	一	四	三	三	四
类团	10	11	12	13	14	15	16	17	18
向心度	–1.8	–1.2	–0.6	–1.3	1.4	–1.8	–1.6	–0.8	2.4

续 表

类团	1	2	3	4	5	6	7	8	9
密度	−1.6	−2.8	−0.7	−4.9	1.7	−6.3	1.8	−5.9	14.3
象限	三	三	三	三	一	三	二	三	一

根据研究主题的向心度和密度绘制直观的战略坐标图，如图 7–5 所示，可知类 2、类 5、类 14、类 18 四个研究主题位于第一象限，其中类 5（网络环境下大专院校图书馆以及读者服务研究）的向心度最大，密度也较高，类 18（高校图书馆与学科馆员研究）的密度最大，向心度也较大，说明这两个主题内部联系紧密，研究趋向成熟，而且这两个主题类团与其他主题类团存在广泛的联系，属于图书情报研究的主要方向。类 2（知识管理研究）和类 14（数字图书馆与知识产权研究）的密度和向心度相对于类 5 与类 18 来说较小，但还是属于第一象限，这说明这两个主题的研究也是核心，但热门程度没有类 5 和类 18 这么高。

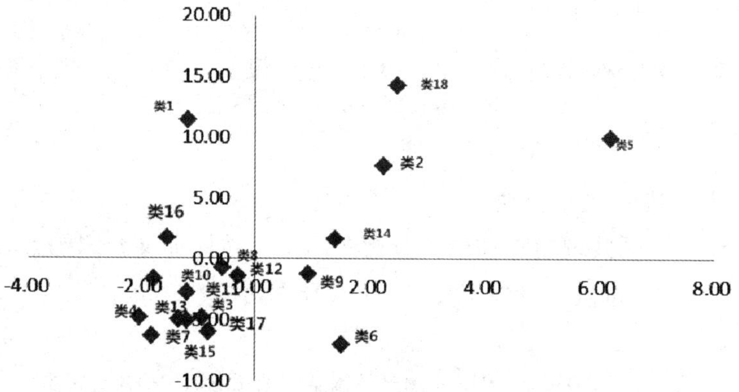

图 7–5　2010 ～ 2013 年图书情报学研究主题战略坐标图

类 1（图书情报理论研究）和类 16（资源共享与图书馆联盟研究）都处于第二象限，类 1 的密度比类 16 的高，这说明类 1 及类 16 的内部研究联系紧密，且研究时间比较久远，形成了相对独立的研究领域，但这两个主题在学科表现中不是很活跃，与其他主题联系不是很密切，属于边缘成熟的研究区域。

处于边缘、不成熟区域的第三象限总共包括 10 个类团，分别为类 3（数据挖掘与关联规则研究）、类 4（信息素质教育研究）、类 7（信息资源共建共享研究）、类 8（基于本体或语义网的知识组织与信息组织研究）、类 10（企业竞争情报研究）、类 11（基于层次分析法的用户满意度与评价指标研究）、类 12（文献计量学研究）、类 13（电子政务、政府信息研究）、类 15（机构知识库与开放存取研究）、类 17（Web2.0 研究），这些主题的向心度和密度都较小，处于研究刚起步阶段，还不够成熟，且内部关联度较弱，在整个研究网络中处于边缘位置。

第四象限是属于向心度高、密度小的区域，类 6（信息服务与信息需求研究）和类 9（公共图书馆与图书馆服务研究）处于第四象限，其中类 6 的密度最低，说明它是整个学科领域内部结构最松散的主题，但它们的向心度比较大，表明与其他主题联系比较密切，因此总体而言有一定的发展潜力。

（三）2014 ～ 2017 年图书情报学研究主题分析

1. 高频关键词的确定

以图书情报学 18 种核心期刊为检索对象，检索到 2014 ～ 2017 年间该阶段共有 17 404 篇论文，年均 4 351 篇，比 2010 ～ 2013 年期间多 300 多篇论文。运用 BICOMB 软件，对 2011 ～ 2014 年有效文献进行关键词统计，得到 62 650 个关键词，其中不同关键词为 24 301 个，关键词频次为 1 的个数为 17 875，根据齐普夫第二定律提出的高频低频计算方法，计算得到 2014 ～ 2017 年图书情报学领域高频关键词的分界点为 189，累计百分比达到 25.5%，符合“二八法则”。另外，通过 BICOMB 软件统计的关键词是按照频次高低来排序的，第 189 个关键词的出现频次为 33，同样，针对频次高于 100 的核心关键词进行分析，经过统计发现出现频次大于 100 的高频关键词共有 42 个，如表 7–19 所示。

表 7–19　2014 ～ 2017 年图书情报学高频关键词（部分）

关键词	出现频次	关键词	出现频次	关键词	出现频次
图书馆	924	微博	166	数据挖掘	103
高校图书馆	866	知识共享	165	图书馆员	101
公共图书馆	650	影响因素	157	大学图书馆	117
数字图书馆	417	网络舆情	149	文献计量	116

续 表

关键词	出现频次	关键词	出现频次	关键词	出现频次
信息服务	256	知识图谱	148	关联数据	114
图书馆学	246	学科服务	147	信息检索	114
知识管理	223	阅读推广	146	信息资源	111
竞争情报	218	学科馆员	130	企业	110
情报学	209	图书馆联盟	129	实证研究	110
知识服务	200	大数据	126	社会网络	107
社会网络分析	191	服务模式	124	专利分析	104
本体	189	可视化	124	移动图书馆	104
云计算	182	引文分析	124	模型	103
图书馆服务	172	共词分析	123	数字资源	103

根据表 7-19 可知，2014 ～ 2017 年出现频次大于 100 次的高频关键词有 42 个，针对这段时期图书情报学出现的研究热点，可从图书馆学和情报学这两个方面对这些研究热点进行初步分析。

从图书馆方面，与其相关的关键词包括图书馆、高校图书馆、数字图书馆、公共图书馆、图书馆学、图书馆服务、阅读推广图书馆员、学科馆员、大学图书馆、图书馆联盟、移动图书馆等，图书馆管理、读者服务、图书馆事业。与 2010 ～ 2013 年相比，出现频次都下降比较大，但出现了几个新的研究核心热点，如移动图书馆及阅读推广。这说明图书馆研究领域研究热点在不断更新。

从情报学方面研究，与情报学相关的关键词包括信息服务、知识管理、竞争情报、信息资源、情报学、信息检索、知识共享网络舆情等，其中信息服务出现频次最高，为 256 次，相对于 2010 ～ 2013 年来说有所降低，且信息检索和信息资源出现频次都有所降低，网络舆情是新增的高频核心词汇，这说明 2014 ～ 2017 年间网络舆情是新兴的核心热门领域。

另外，从学科研究方法和技术理论方面分析，云计算、本体、知识图谱、大数据、引文分析、共词分析、关联数据、模型等技术方法理论是 2014 ～ 2017 年间最受学者欢迎研究技术理论，本体和云计算出现频次最高，分别为 189 次、182

次，这表明图书情报学领域越来越多的学者除进行理论研究外，也开始结合技术方法进行综合研究。

2. 高频关键词矩阵的建立

利用 BICOMB 软件，确定 2014 ～ 2017 年的 189 个高频关键词后，对这些高频关键词进行共现矩阵分析，设定关键词阈值为 [33，2 000]，利用该软件自带的共现矩阵功能，可得到 2014 ～ 2017 年高频关键词 189 × 189 的共现矩阵，如表 7–20 所示。

再将表 7–20 完整的 189 × 189 的共现矩阵导入 SPSS 软件，得到高频关键词的相似矩阵，如表 7–21 所示。

表 7–20　2014 ～ 2017 年图书情报学研究领域高频关键词共现矩阵（部分）

	1	2	3	4	5	6	7	8	9	10
1	924	2	1	3	30	7	10	1	0	18
2	2	866	10	3	36	3	7	0	2	15
3	1	10	650	0	15	1	0	0	1	3
4	3	3	0	417	12	1	4	0	1	17
5	30	36	15	12	256	1	2	3	1	8
6	7	3	1	1	1	246	1	1	62	1
7	10	7	0	4	2	1	223	5	2	16
8	1	0	0	0	3	1	5	218	4	0
9	0	2	1	1	1	62	2	4	209	0
10	18	15	3	17	8	1	16	0	0	200

注：1. 图书馆；2. 高校图书馆；3. 公共图书馆；4. 数字图书馆；5. 信息服务；6. 图书馆学；7. 知识管理；8. 竞争情报；9. 情报学；10. 知识服务

表 7–21　2014 ～ 2017 年图书情报学研究领域高频关键词相似矩阵（部分）

	1	2	3	4	5	6	7	8	9	10
1	1	0.009	0.006	0.015	0.15	0.036	0.058	0.008	0.003	0.113

续 表

	1	2	3	4	5	6	7	8	9	10
2	0.009	1	0.031	0.014	0.182	0.015	0.042	0.002	0.013	0.098
3	0.006	0.031	1	0.002	0.084	0.017	0.002	0.001	0.007	0.023
4	0.015	0.014	0.002	1	0.081	0.007	0.035	0.004	0.01	0.13
5	0.15	0.182	0.084	0.081	1	0.009	0.032	0.03	0.013	0.099
6	0.036	0.017	0.007	0.009	0.015	1	0.015	0.015	0.512	0.014
7	0.058	0.042	0.002	0.035	0.032	0.015	1	0.056	0.024	0.161
8	0.008	0.002	0.001	0.004	0.03	0.015	0.056	1	0.041	0.007
9	0.003	0.013	0.007	0.01	0.013	0.512	0.024	0.041	1	0.005
10	0.113	0.098	0.023	0.13	0.099	0.014	0.161	0.007	0.005	1

注：1.图书馆；2.高校图书馆；3.公共图书馆；4.数字图书馆；5.信息服务；6.图书馆学；7.知识管理；8.竞争情报；9.情报学；10.知识服务

3. 高频关键词聚类分析及研究主题的确定

利用SPSS统计软件，把2014～2017年生成的高频关键词相似矩阵导入，采用平均连接法作为类间距离的计算方法进行聚类分析，得到聚类树状图。根据聚类结果，把一些零散的、没有聚为一类的关键词删除，同时参考相关的文献，通过分析，最终确定把189个高频关键词聚为19类较为合理，即图书情报学领域研究的19研究主题团，结果如表7–22所示。

表7–22　2014～2017年图书情报领域研究主题分类

类团	名称	关键词（黏合力度）
1	学科馆员与学科服务研究	学科服务（13）、学科馆员（16.8）、学科化服务（5.3）、服务模式（5.3）、嵌入式服务（3.8）
2	知识管理研究	影响因素（3.7）、结构方程模型（1.6）、知识管理（4.5）、知识网络（1.8）、知识创新（2.6）、虚拟社区（1.8）、知识转移（3.9）、隐性知识（4.7）、实证研究（1.9）
3	数据挖掘与大数据研究	数据挖掘（8）、关联规则（3.3）、大数据（6.7）、知识发现（2.7）

续　表

类团	名称	关键词（黏合力度）
4	大学生信息素养研究	信息素养（3.3）、信息素养教育（3.3）、大学生（2.8）、高校（0.8）
5	公共图书馆公共文化服务体系研究	公共图书馆（13.6）、免费开放（6）、服务体系（3.8）、公共文化服务体系（3）、公共文化服务（2.8）、社区图书馆（1.6）
6	信息服务与信息需求研究	用户需求（2）、个性化服务（2）、信息行为（3）、信息需求（3.4）、信息服务（4.8）、用户（2）
7	数据资源绩效评价研究	电子资源（2.2）、绩效评价（2.7）、数据库（1.7）、信息资源（1.5）、共建共享（1.8）、比较分析（0.5）、数字资源（2.7）
8	基于本体或语义网的知识组织研究	关联数据（4）、语义网（4.4）、领域本体（1.6）、文本挖掘（0.8）、本体（6.8）、叙词表（2.8）、知识服务（3.1）、知识组织（5.3）、知识库（2.9）
9	图书馆服务与管理研究	大学生图书馆（2.8）、资源建设（1.2）、战略规划（1.6）、图书馆服务（2.4）、图书馆管理（2.2）、服务创新（1.8）
10	竞争情报研究	模型（1.6）、分析（0.9）、竞争情报（6.5）、专利分析（2.3）、企业（5）、情报分析（2.5）、技术创新（2）、信息分析（1.3）、专利（1.8）
11	基于层次分析法指标体系研究	评价指标（2.5）、层次分析法（4）、指标体系（2.5）、绩效评估（1.3）、服务质量（1.3）
12	基于知识图谱图书情报学研究	图书馆学（4.8）、情报学（6.3）、期刊（1）、理论研究（0.5）、引文分析（2.8）、文献计量学（2.5）、CSSCI（1.6）、学术影响力（1）、统计分析（0.8）、聚类分析（2.9）、因子分析（1.5）、共词分析（4.5）、社会网络分析（3.3）、知识图谱（5.4）、研究热点（3.8）、可视化（3.2）、文献计量（3.6）、信息可视化（1.3）、研究进展（0.9）、内容分析（0.6）、计量分析（0.4）、图书情报学（2）、期刊评价（2.5）、影响因子（1.8）、h 指数（1.5）、学术期刊（0.5）
13	政府信息公开与电子政务	信息公开（2.8）、政府信息（2.5）、电子政务（3.5）、信息共享（1）、政府信息公开（1.3）

续 表

类团	名称	关键词（黏合力度）
14	图书馆阅读推与机构知识库研究	机构知识库（2.5）、开放获取（1.3）、开放存取（0.8）、知识产权（1.6）、著作权（1.6）、版权（2.3）、阅读推广（4.2）、全名阅读（1.6）、图书馆（10.7）、大专院校（2.8）、读者（1.2）、科学数据（1.2）、策略（1.4）、阅读（0.7）
15	信息检索研究	信息检索（2.2）、搜索引擎（2）、用户行为（0.8）、聚类（1）、元数据（1.2）、资源整合（1）、信息组织（0.8）
16	图书馆联盟研究	可持续发展（2）、农家书屋（1.4）、图书馆联盟（7.2）、资源共享（6.2）、信息资源共享（1.6）、文献传递（1.6）
17	数字图书馆与移动图书馆研究	移动图书馆（5.3）、移动服务（4.1）、手机图书馆（2.3）、用户体验（2.1）、云计算（7.8）、云服务（2.8）、数字图书馆（7.8）、信息安全（1.1）
18	高校图书馆研究	服务（2.9）、创新（1.6）、模式（1.3）、高校图书馆（11.1）、特色数据库（2.4）、质量控制（1.1）、读者服务（2.9）、对策（1.9）
19	基于微博的网络舆情研究	社会网络（3）、用户参与（1）、网络舆情（4.8）、突发事件（4.3）、微博（6）、信息传播（4.5）、复杂网络（2）

4. 研究主题战略坐标分析

根据高频关键词共现矩阵和聚类分析的结果，计算 19 个类团每个研究主题的向心度和密度，如表 7–23 所示，然后绘制图书情报学 2014 ～ 2017 年研究主题的战略坐标图（向心度作为 X 轴，密度作为 Y 轴，所有研究主题的向心度和密度的平均值作为坐标原点），如图 7–6 所示。

表 7–23　2014 ～ 2017 年图书情报学研究主题的向心度、密度

类团	1	2	3	4	5	6	7	8	9	10	11
密度	–0.3	0.9	–1.0	–1. 5	–0.3	0.3	–0.7	0.0	–0.3	0.1	–1.2
向心度	6.9	4.4	–3.0	–6.3	–0.5	–3.6	–5.1	3.3	–5.7	–0.2	–6.1
象限	二	一	三	三	三	四	三	一	三	四	三

续 表

类团	12	13	14	15	16	17	18	19	17	16	19
密度	3.2	-1.9	3.1	-1.0	-1.3	0.5	2.0	-0.7	1.2	-0.6	-0.9
向心度	18.7	-6.3	5.0	-6.9	-2.4	4.9	0.3	-0.5	0.2	-1.2	-2.3
象限	一	三	一	三	三	一	一	三	一	三	一

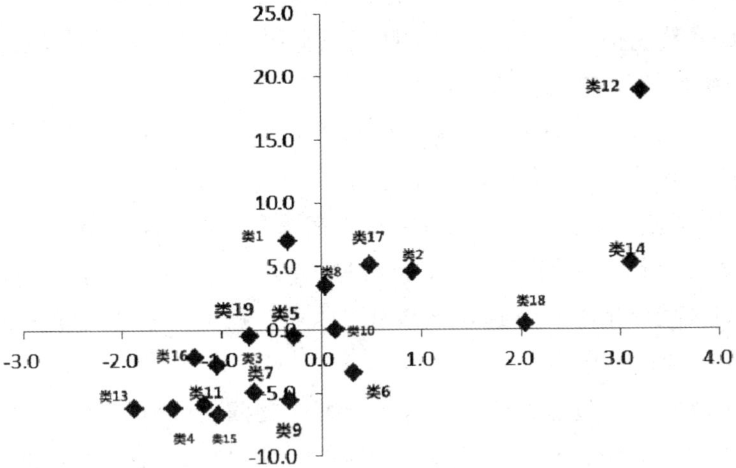

图 7-6 2014 ~ 2017 年图书情报学研究主题战略坐标图

由图 7-6 可知类 2（知识管理研究）、类 8（本体与知识组织研究）、类 12（文献计量学研究）、类 14（图书馆阅读推广与机构知识库研究）、类 17（数字图书馆与移动图书馆研究）、类 18（高校图书馆研究）六个研究主题位于第一象限，属于图书情报研究的核心主题，这种情况表明两种可能性：一是这六个主题是图书情报学重点研究内容；二是主题类团中的关键词是图书情报学研究的热点，受到众多学者关注，因此这些主题团在 2014 ~ 2017 年期间处于研究网络中心地位。类 1（学科馆员与学科服务研究）处于第二象限，这说明这个主题内部研究联系紧密，自身形成相对独立的研究领域，但向心度不是很高，在学科表现中不是很活跃，与其他主题联系不是很密切，有待进一步的扩大研究领域。

处于边缘、不成熟区域的第三象限总共包括 10 个类团，分别为类 5（公共图书馆研究）、类 19（基于微博的网络舆情研究）、类 3（大数据与数据挖掘研究）、类 4（大学生信息素养研究）、类 7（数据资源绩效评价研究）、类 9（图书馆服务与管理研究）、类 11（基于层次分析法的评价体系研究）、类 13（电子政务与政府信息研究）、类 15（信息检索研究）、类 16（图书馆联盟研究）。这些主题的向心度和密度都较小，处于研究刚起步阶段或者研究过程中遇到瓶颈，可能发展为研究核心成熟热点，也可能一直无法突破，在整个研究网络中处于边缘位置。

第四象限是属于向心度高、密度小的区域，类 6（信息服务与信息需求研究）和类 10（竞争情报研究）处于第四象限，说明这些主题与其他主题联系紧密，在图书情报领域表现活跃，但它们自身内部结构松散，发展不够成熟，容易在后续的研究中演化成其他相关主题，因此这些研究主题被称为次级研究主题。

（四）三个时间段研究主题的比较

以上分别对三个时间段的研究热点进行主题划分，将三个时间段的研究主题类团进行比较，下面分别对各个研究主题内容变化进行阐述。

图书情报学理论研究：2006 ～ 2009 年，在研究热点聚类分析中，还独立聚为一类，但随着文献计量学研究内容不断增加，2014 ～ 2017 年期间，图书情报学的理论研究与文献计量学联系越来越紧密，因而，在第三个时间段，图书情报学理论研究与文献计量学聚为一类。

知识管理研究：通过这三个时间段的研究主题演化分析，可知在知识管理研究主题类团中隐性知识、知识管理一直是核心研究热点，其中实证研究和影响因素分析在知识管理领域应用较广泛，使用最多的方法是结构方程模型，近几年在该领域出现虚拟社区、知识转移、知识网络较新的研究热点。

数据挖掘研究：随着时代的发展，图书情报领域开始广泛应用数据挖掘理论与方法，从最早的数据仓库到目前主流的关联规则、大数据、文本挖掘等方面，而图书情报学主要将数据挖掘应用于知识发现方面。

信息素质与信息素养研究：第一个时间段主要研究高校图书馆素质教育以及大学生的信息素养研究，但到第三个时间段，关于信息素质教育的研究逐渐减少，类团中研究热点只剩下大学生、信息素养、信息素养教育、高校，因此，信息素质方面的研究慢慢淡化了，信息素养研究还是当前的研究热点。

网络环境下的图书馆读者服务与人力资源管理研究：该研究主题是第一、第二个时间段的核心主题，通过 2014 ～ 2017 年的研究热点聚类分析发现网络环境这个研究热点已经慢慢淡化，且图书馆人力资源管理方面的研究也出现的较少，因而该主题在第三个阶段分化到其他的研究主题中。

用户信息需求与参考咨询研究：根据该主题的演化分析，发现有关参考咨询方面的研究在不断地减少，而用户信息需求方面增加了用户信息行为的研究。总体而言该主题随着学科的发展，已经被分化两个研究领域，目前参考咨询已经不再是核心研究主题，而有关信息素养方面的研究正在不断地扩大范围。

信息资源共享与图书馆联盟研究：图书馆联盟的主要目的是通过馆际互借的方式实现资源共享共建，而在信息资源相关的研究中，信息资源共享是一个重要的研究领域，因而两者之间存在很大的相似性。随着社会的发展，图书馆联盟研究横向没有得到很大的发展，但信息资源依旧是一个重要的研究主题。

信息检索与知识组织研究：信息组织和知识组织一直都是图书情报学研究的重点领域，近几年它们主要结合关联数据、语义网、本体叙词表等方面的理论和方法展开研究，其中，信息组织与信息检索之间联系较密切，因而在第三阶段，信息检索与信息组织聚为新的一类。

图书馆服务与图书馆建设研究：在图书馆服务方面，图书情报学一直秉承以人为本的管理模式，而图书馆建设主要研究图书馆事业、图书馆精神、图书馆建筑等方面，但到第三阶段关于图书馆建设方面的研究明显少于图书馆管理方面的研究。

图书编目与目录学研究：通过 2006 ～ 2019 年高频关键词分析，发现关注该主题的研究学者较少，但该主题依然是图书情报学的一个研究热点。

文献计量研究：近年来，无论从与别的主题联系强度（横向）还是自身内部关联强度（纵向）来说，增长最快的研究主题应是文献计量研究，关于文献计量研究主题中的研究热点越来越多，目前出现频次较多的关键词是共词分析、引文分析、聚类分析、知识图谱、可视化等，这表明图书情报学越来越多的学者进入文献计量研究领域。

电子政务与政府信息公开研究：在这三个时间段，电子政务一直都是热门研究，政府信息相关研究是第二个时间段才出现在核心研究主题类团中，它们之间存在很大的相关性，近几年主要是研究政府信息公开、政府信息共享方面。

知识产权研究：主要集中在著作权、合理使用、版权方面。

开放存取研究：该研究主题是在第二个时间段出现的，因此可以说是一个较新的研究领域，它主要研究机构知识库、网络资源、开放存取、开放获取方面。

移动图书馆研究：这是一个近几年出现的新的研究方向，主要研究移动图书馆、移动服务、手机图书馆、用户体验等方面。

网络舆情研究：研究热点集中在社会网络、用户参与、网络舆情、突发事件、微博、信息传播、复杂网络等方面。

竞争情报研究：竞争情报一直是三个时间段的研究核心热点，主要的研究包括竞争情报系统、专利分析、情报分析、技术创新、信息分析等方面。

除此之外，前文还运用可视化的战略坐标图描述各个研究主题的发展状况，为了更进一步地观察2006～2009年、2010～2013年和2014～2017年三个时间段中各个研究主题的演化趋势，将这三个时间段中每个研究主题的向心度和密度整合在一起，按照同一个度量标准绘制出总体的战略坐标图。将三个年代段的研究热点领域分别用菱形、圆形、三角形表示，属于同一个主题类团且随着时间推移变化较大的主题类团，在图中用连线表示其变化趋势，并标注出整个学科研究主题成熟区、分化区、增长区的位置。

1. 成熟研究领域的变化

从图7-7可以看出，位于第一象限外侧的研究主题有2006～2009年间的类5（网络环境下图书馆读者服务与人力资源研究）、类14（数字图书馆与知识产权研究），2010～2014年间的类2（知识管理研究）、类5（网络环境下图书馆及读者服务研究）、类18（高校图书馆学科服务研究）,2014～2017年间的类12（基于知识图谱图书情报学研究）、类14（图书馆阅读推广及机构知识库研究）。通过对比三个时间段位于第一象限的类团主题，可以发现三个时间段都包含的主题有知识管理研究、读者服务研究、知识产权研究、数字图书馆研究、高校图书馆研究。近十多年持续处于成熟区的研究主题是我国图书情报学领域一直都比较关注的核心热点，且根据坐标图显示，处于外侧的研究主题在未来的几年内可能会持续受研究学者的关注，处于核心领域。

2006年到2017年，随着时间推移，第三象限研究主题（或者是未出现在坐标图的主题）发展为第一象限成熟核心区的有文献计量学、知识服务与知识组织研究、结构方程模型研究、移动图书馆研究、图书馆阅读推广研究、开放存取研究、本体和语义网相关研究、云计算云服务研究、大专院校图书馆研究，这些研究主题部分为理论研究，部分是技术方法研究，而2006～2009年，处于成熟区的研究主题中技术方法类的仅包括语义网研究和XML研究，这表明图书情报学研究主题越来越倾向于技术与理论相互融合、相互交叉的形式。其中文献计量学增长速度最快，大多数学者主要关注图书情报学学术期刊引文计量分析，研究方法也开始多样化，如因子分析、聚类分析、共词分析、知识图谱等，整个研究主题的内部结构非常紧密，与其他研究主题联系强度也逐渐在增大。移动图书馆研究和图书馆阅读推广研究是近四年突现的研究热点，发展速度非常快。图书馆服务追求的目标是让读者在任何时间、任何地点都能够享受到图书馆的服务，随着互联网时代的来临、手机用户的增加，图书馆也需要跟随社会潮流，追上发展的步伐，在手机等移动终端上使用图书馆服务，是图书馆服务发展的一种趋势。

2. 主题分化的特征

一般容易分化的主题涉及研究内容比较多，通常位于第一象限或第二象限靠近原点的区域。以 2006 ～ 2009 年位于第一象限的主题团类 4、类 8、类 9 为例：随着主题的研究，第一个时间段（2006 ～ 2009 年）的类 4（高校图书馆信息素养和学科馆员的研究）深入分化成第二个时间段（2010 ～ 2013 年）类 4（信息素质教育研究）和类 18（高校图书馆学科馆员研究），分化后类 18 位于第一象限成熟区，类 4 位于第三象限，以后又分别对应第三阶段（2014 ～ 2017 年）中第一象限类 18 和第三象限类 4；第一个时间段的类 8（基于本体理论的知识组织与信息检索研究）分化成第二个时间段第三象限的类 8，仅代表“基于本体理论的知识组织研究”，而信息检索研究在第二个时间段没有出现在战略坐标图中，到第三个时间段，信息检索研究又重现聚为一类，出现在第三象限，类 8 又发展成为第一象限成熟区的研究主题；第一个时间段的类 9（公共图书馆服务与管理研究）到第三个时间段分化为三个类团，分别为第三象限的类 9（大学图书馆服务研究）、第二象限的类 5（公共图书馆公共文化服务体系研究）、第三象限的类 16（图书馆联盟研究）。因此可以大致总结出主题分化的特征：分化的过程是先从第一个时间段的分化区开始，分化成第二个时间段或者第三个时间段中的两类，其中一类分化到成熟区，另一类分化到非成熟区，或者一类分化到非成熟区，另一类消失于坐标图中，这表明易于分化的主题较成熟的内容会日益趋向成熟区，其他内容可能要经过更长的时间完善，当然也有的主题随着时间的推移，可能不再是研究热点。

3. 新增主题的分布特征

通过观察坐标图的第三象限，第二时间段的类 10（竞争情报研究）、类 15（机构知识库与开放存取研究）、类 17（Web2.0 的研究）和第三时间段的类 19（网络舆情研究）均为新出现的热点，这些类都是在第三象限出现，究其主要原因可能是新的研究热点刚出现时，一般研究都不够成熟，且与其他研究联系强度也不大，造成类团的密度和向心度都较低，最终处于第三象限。但也能观察到第一时间段出现在第三象限的主题团，随着时间的推移，有的发展较快速，研究主题的密度和向心度都在增大，甚至发展到第一象限（如类 12、类 10），有的发展得比较慢，还处于第三象限（如类 3、类 13）。因此新增主题一般分布在第三象限，它们的发展趋势一般都是会随着时间的推移而向第一象限移动，不过有的主题发展速度快，有的发展速度较慢。

第八章　移动图书馆知识图谱实证研究

随着移动互联网的快速发展以及用户对图书馆的使用习惯和需求的改变，利用移动信息技术发展移动图书馆已经成为图书馆未来发展的趋势。移动图书馆作为一种新型的服务模式，由于其个性化、便携性、交互性等特点受到了国内外图书馆界的广泛关注。众多研究者从各种不同的角度对移动图书馆领域的各个方面进行了大量的研究，这些研究对移动图书馆的实际建设起到了重要的指引作用。基于此，迅速而准确地在大量无序的研究数据中把握国内外研究热点与前沿趋势是移动图书馆建设与发展中至关重要的环节。本章利用信息可视化工具对国内外移动图书馆领域的研究进行可视化分析。

第一节　移动图书馆的含义与功能

目前，手机、平板等移动终端成为人们日常生活中不可或缺的设备，这些移动设备拥有智能化的APP，从休闲娱乐类到学习类，一应俱全。移动图书馆也在这种势下产生，图书情报为了适应时代的进步，其研究领域也涉及移动图书馆的知识图谱。下面介绍移动图书馆的含义、功能以及移动图书馆知识图谱数据来源、选择工具等，对移动图书馆知识图谱研究有基础性的了解与认识，为后续研究奠定基础。

一、移动图书馆的含义

移动图书馆最早出现在1946年，*The County Libraries Group of the Library Association*一文中对移动图书馆进行了定义：设计、配备和运作一种工具对分馆提供更合理可行的服务。原意是指利用交通工具进行流动性图书馆服务的“流动图书馆”，主要是为解决偏远及不发达地区图书馆服务的普及问题。随着移动通信技术、信息技术的不断发展和移动终端普及率的激增，移动图书馆逐渐演变成了利用智能手机、平板电脑等移动终端使用图书馆移动服务的一种基于多媒体技术发展起来的图书馆新形态。

移动图书馆由于其本身的移动属性，使用户可以不受时间与空间的限制利用图书馆服务。与传统图书馆相比，移动图书馆具有流动性、丰富性、个性化服务的特点。

二、移动图书馆的服务功能

移动图书馆的服务功能在与移动通信技术结合的基础上进行了很大的创新与改革，移动图书馆的服务功能主要包括以下几项。

（1）图书馆馆务信息通知：通过短信、网页或客户端等模式对图书馆的基本馆务信息进行推送，包括图书馆概况、开放时间、新闻通知、讲座培训通知、天气预报等，一些图书馆还通过定位系统向用户提供路线指引等主动性服务。

（2）个人信息：主要包括个人借阅信息管理、个性化服务推送，一些图书馆利用信息挖掘技术向用户提供个性化的相关资源推送服务。

（3）资源检索与利用：主要包含较为基本的馆藏数据检索、数据库资源检索、多媒体资源、电子书借阅、文献传递等，通过向用户提供便携式阅读服务方式，最大限度利用用户的碎片化时间。

（4）参考咨询：主要包括常见问题、留言意见反馈、馆员咨询等，一些高校图书馆还提供专业化的学科指南与研究指导等。伴随着交互式移动工具的不断发展，利用移动图书馆与图书馆工作人员进行实时交流与反馈已经愈加便捷。

（5）宣传推广：主要包括微博链接、二维码访问等模式，这种便捷的访问入口提供给用户最为直观方便的进入模式，对移动图书馆的推广起到一定的作用。

三、移动图书馆前沿可视化分析

（一）国内突变词共现时区视图

将处理过的中文数据库导入软件后，时间跨度设置为 1998 ～ 2017 年，时间分割为两年，数据类型设置为“突变术语”（Burst Terms），节点类型设置为“关键词”（Keyword），同时为了使图谱中显示每两年中被引频次最高的前 50 个突变词，将阈值设置为“TOP50”，最后设置为按时区显示合并网络并生成，得到国内 1998 ～ 2017 年移动图书馆领域的突变词共现网络图谱，在生成的页面设置为时区视图（TimeZone）模式显示，便可以得到国内突变词共现时区视图。

国内的移动图书馆大致可以分为三个时期。第一个时期是 2003 ～ 2007 年的起步期，学者对于移动服务的研究正处于初步探索阶段，这一时期的突现词数量并不密集，对于图书馆的研究尚停留在不明朗的阶段。第二个时期是 2008 ～ 2011 年，这个时期是国内移动图书馆研究的发展期，这一时期的突现词范围众多，其中突现权重最高的是词是“4G”，说明伴随着 4G 网络在国内的兴起，关于移动通信技术与图书馆结合的研究越来越多。第三个时期是 2012 ～ 2017 年，这一时期的关键突现词较多，随着大数据、云技术的发展，关于移动图书馆的研究也依然处于不断活跃的状态。

（二）国内突变词分析

利用突变词来对领域内的研究进行前沿趋势的预测，通过时序网络知识图谱的构建已经对国内研究突变词有了基础性的了解，对 1998 ～ 2015 年间研究生成的知识图谱，选取部分突变词按权重大小排列，形成表 8–1，并通过对突现词的共现频次总结其在一段时期的趋势，以此来对突现词的情报意义以及发展趋势进行验证。

表 8–1　国内突现词

突现词	权重（%）	起始年份	终止年份	趋势
手机图书馆	7.9	2005	2011	上升后下降
4G	5.9	2009	2011	上升后平稳
大数据	5.4	2013	2015	突然出现
移动学习	4.2	2006	2008	一直下降
WAP	3.6	2007	2010	一直下降
移动通信	3.1	1998	2010	下降后平稳
服务模式	2.9	2008	2013	平稳
智能手机	2.6	2007	2011	上升后平稳
用户体验	2.1	2010	2014	一直上升
云计算	2.0	2011	2017	一直上升

通过对突现词的趋势总结，可以将突现词分为以下几种类型。第一种类型是

突现型，如大数据、WAP2.0 等，这些突现词在 2013 ～ 2017 年突然出现，尤其是以大数据为代表的，有很高的权重，是很有情报意义的突变词，可以视为未来发展的热点主题趋势。第二种类型是上升型，例如出现在 2010 ～ 2014 年的用户体验，这类关键词的研究时间并不长，但仍然是领域内的当前研究热点，相关的研究仍然受到研究者的普遍关注。第三种类型是下降型，如移动学习、WAP 等关键词，这类词在研究中出现的频率不断下降，一方面是指相关的研究已经逐步走向成熟，另一方面是指这类研究属于开始过时的研究，相关的研究很快地转移了方向。最后一种类型是平稳型，如服务模式、手机图书馆、移动阅读、4G 等相关研究，这类研究虽然在一定时间内都有一些上升或下降的波动，但总体处于平稳的状态，说明其一直处于研究的热点之中。

（三）国内前沿演化分析

在 2004 年，已经有学者敏锐地触碰到移动图书馆的概念，但是并没有对移动图书馆概念进行深入挖掘，更多的是在对数字图书馆研究的同时对移动图书馆的存在形式进行了预想。由于并没有明确提出有关移动图书馆年的概念，因此这一阶段的关键词仍然主要集中在数字图书馆等基础知识。2005 年左右，国内的研究学者开始逐渐对移动图书馆关注，提出了有关于“掌上图书馆”以及“手机图书馆”的概念，并开始初步探讨有关于图书馆的拓展移动服务，如参考咨询等服务。从时间上看，2007 年之前移动图书馆的主要服务方式是以短信服务为主，2007 年以后 WAP 网站服务逐渐兴起，两者形成互为补充的格局。随着国内 3G、4G 技术的发展，各行各业的移动服务都开始发展起来，业界对于移动图书馆信息服务的研究也开始关注，此时国内更多的是通过对高校图书馆的服务以及高校读者的阅读行为来探索移动图书馆的建设。随着信息技术的发展，对于图书馆的移动服务类型也在逐渐深化，逐渐演化出 WAP 服务，移动图书馆的个性化服务研究逐渐达到最热化。同时有也开始有许多学者开始将移动图书馆与教育联系在一起，有关移动学习与远程教育的研究开始丰富起来。而在服务模式越来越丰富的基础上，国内的学者开始更加注重对读者的研究，越来越多的学者开始从用户需求的角度去分析用户的体验，通过分析用户的使用习惯来制定更加完善的移动服务策略。随着大数据与云时代的来临，“云计算”与“大数据”等关键词开始逐渐与移动图书馆的研究相互结合起来。国内研究者开始积极地利用大数据技术与云技术等来扩展移动服务模式，信息技术的发展给移动图书馆研究带来了机遇与转折，同时也带来了更多的挑战。近年来，随着微信等信息交流平台在我国影响力的逐渐扩大，国内的一些学者也开始关注图书馆与各种新型信息通信技术进行融合，并从用户的角度对服务建设进行相应的研究。根据时区图谱以及突显词表可以发现，目前移动图书馆研究的前沿问题仍然是基于大数据等信息技术进行移动图书馆的建设，通过融入信息的通信技术来拓展移动服务模式。

第二节　移动图书馆知识图谱的数据来源和分析工具

在构建移动图书馆知识图谱之前，首先进行数据的搜集与处理。在 CSSCI 数据库进行文献搜集，通过关键词与细化研究方向等检索条件对数据进行筛选，将筛选后的数据导入 CiteSpace 进行处理，以构建科学的知识图谱。

一、移动图书馆知识图谱国内数据来源

国内数据从 CSSCI 数据库中进行筛选整理。数据下载的具体操作：首先选择高级检索，以“移动”或“手机”作为关键词进行检索，发文年代选择 1998 ～ 2015 年，学科类型选择“图书馆、情报与文献学”（由于直接利用“图书馆”作为关键词进行检索会降低检索准确率，所以先选定学科类型后，再进一步筛选）。故检索式为：关键词 =“移动” OR 关键词 =“手机” AND 出版时间 =“1998 ～ 2015” AND 论文类型 =“论文”。

最终获得 1 317 条数据，由于存在部分与移动图书馆方向不相符合的内容，对检索结果进行分析整理后，获得 1 179 条记录可供使用与分析。

自 Web of Science 数据库下载的数据信息可由 CiteSpace 直接处理，但是软件目前还未能识别非矩阵格式的文献数据，因此 CSSCI 数据库下载的数据不能直接进行处理，要在输入数据之前对其进行格式转化。采用的转化方式是利用 CiteSpace 自带的转换器。在安装 CiteSpace 软件之后，单击“data”按钮，在下拉菜单中单击“import/export”，会弹出各种文献转换器，可以用来转换 CSSCI、CNKI 等文献格式。将经过转换后的数据单独放置于一个空文件夹中，以英文命名后便可导入 CiteSpace 可视化软件中。

二、移动图书馆知识图谱选择工具

首先，利用 Excel 对研究数据进行简单的文献计量，在对移动图书馆领域的研究进行知识图谱构建之前，对年发文量进行简单的统计分析，利用 Excel 的统

计功能对国内外研究的基本情况进行大致的了解。其次，利用信息可视化工具 CiteSpace 对移动图书馆研究进行知识图谱的构建。

第三节　移动图书馆知识图谱分析

一、核心期刊分布

将处理好的数据导入软件后进行共被引期刊的知识网络构建。选定被分析数据所在文件夹之后，设置研究所覆盖的时间范围为 1998 ～ 2015 年，时间分割设置为 1，同时设置节点类型为“cited journal”，最后将阈值设置为（2，3，15）（3，3，20）（3，3，20 ），生成国内核心期刊分布图。

关键节点期刊在移动图书馆研究中起到重要的连接作用，主要有《图书情报知识》《图书情报工作》《开放教育研究》等。这些期刊节点在图谱中带有紫红色的光圈，代表这些期刊具有较高的中心性，说明在期刊中发表的移动图书馆相关文献的被引量较高，发表的文献在领域内具有一定的影响力。以上期刊虽然发文数量并不多，但刊载了一些具有影响力的移动图书馆角度的文献，是国内研究的关键节点期刊。

出现移动图书馆相关文献数最多的期刊有《大学图书馆学报》《中国图书馆学报》《现代图书情报技术》《情报科学》，这些高频期刊刊登的移动图书馆领域的相关文献较多，比较关注移动图书馆研究的前沿性。因此研究者在进行相关领域研究时，可以首先关注以上期刊，在进行移动图书馆研究文献投递时，也可以优先考虑以上期刊。以上这些高频期刊的综合影响因子与复合影响因子都较高，期刊的内容大多具有专业性、前沿性等特点，在国内图书馆界的影响较大。这些专业性的期刊刊载大量的移动图书馆相关研究，对我国移动图书馆研究的方向、进展、技术、服务等问题进行了深度的揭示，说明了国内图书馆界对于移动图书馆研究的重视。

由国内外核心期刊的分布情况可以发现，国内外对于移动图书馆的重视程度普遍非常高，国内《大学图书馆学报》《中国图书馆学报》《图书情报工作》等期刊在图书馆领域都具有较高的权威性，其刊载的文献具有专业性。而国外 *Library Journal*、*Electronic Library* 等期刊在国际上都有很高的影响力，由此可知，国内外图书馆界对于移动图书馆的研究都是非常重视的。

由核心杂志分布可以看出，国内的教育领域开始积极引用移动图书馆的理论与实践研究，《开放教育研究》《电教杂志》等教育类期刊都对移动图书馆的教育属性进行了研究，而国外的通信类、计算机类期刊基于技术角度对移动图书馆进行了深度的研究，*Communication*、*Lecture Notes in Computer Science* 等专业性的期刊对移动图书馆进行了技术研究。

二、核心作者分析

在对所需数据进行搜集整理的基础上，利用 CiteSpace 软件进行数据分析处理，分别构建国内外移动图书馆领域的著者共被引网络，以期对国内外研究领域的核心作者进行比较研究。

分析核心作者，可以通过生成共被引作者的知识网络来进行。在选定被分析数据所在文件夹之后，设置研究所覆盖的时间范围（Time Slicing）为 1998 ～ 2015 年，时间分割为 1，同时设置节点类型为“cited author”，将阈值设置为（2，3，15）（3，3，20）（3，3，20），最后点击运行即可生成共被引作者知识图谱。基于 CSSCI 生成的中文图谱，代表着国内的共被引作者情况；基于 Web of Science 生成的知识图谱，代表国外该领域的共被引作者情况。

国内核心作者知识图谱中的线条表示的是时间，从红到蓝代表被引时间从近到远，每一个节点外圈颜色代表着节点在不同年份的共被引次数。节点表示的是作者姓名，越大的节点代表着共被引用次数越多。链接不同节点之间的线条代表作者共同被引用，线条越粗，代表两个作者之间的共同被引次数多，其关系就越密切。作者的共被引频次可以展现出作者在该领域的中心度，频次高代表中心度高，也就意味着在该领域的研究中起着重要的作用，为其他研究者的研究奠定了一定的基础，可以视为领域内的关键作者。

我国的移动图书馆研究较国外开展的时间比较晚，国内的核心研究者发表的研究在技术性上还与国外的研究学者有一点距离，但我国学者正在积极地吸收国外的研究方法与技术方法，吸收新型的信息技术并与图书馆的服务进行更深层次的结合，同时我国的研究者也正将移动图书馆的理论积极地与其他领域的研究进行结合，不断地创新。通过这些努力，我国在移动图书馆领域研究的地位正在不断上升。

第四节　中国移动图书馆研究与发展建设

一、移动图书馆研究与建设现状

（一）移动图书馆研究现状

目前，国内的研究热点主要集中在移动图书馆服务模式、围绕用户展开的移动信息服务、移动技术等问题上。在移动技术方面，国内关于移动图书馆建设关键技术的研究主要是 3G/4G 通信技术、WAP 技术以及大数据技术；在用户方面，国内移动图书馆目前主要集中在用户需求、用户体验以及用户采纳三个方面的研究；在移动图书馆服务方面，主要从服务模式以及服务内容方面进行探索；而在移动图书馆应用方面，国内研究将移动服务的特点、优势与远程教育相结合，利用移动图书馆对移动学习的理论与实践做了进一步的延伸。很多教育领域的研究积极地对移动图书馆具备的教育属性进行了分析，并通过 MOOC、远程教育课堂等各种形式不断深化移动图书馆的应用。

通过前文知识图谱的构建可知，国内移动图书馆领域的研究将集中在用户研究方面与移动技术方面。由于国内的用户角度研究还处于较为基础的水平，未来相关研究主要集中在用户需求、体验及采纳等现有主题的深化上。在移动技术方面，将大数据技术、云技术等新兴的信息技术与移动图书馆进行结合是未来的发展趋势。

（二）移动图书馆建设现状

国内外的移动图书馆从移动服务模式、服务方法、技术开发等方面进行了积极的研究与建设，但建设发展程度参差不齐。目前国内图书馆中移动服务发展处于前沿的有北京大学图书馆、清华大学图书馆以及国家图书馆，这几所图书馆可以在一定程度上可作为国内移动图书馆建设较为先进的代表。

在服务模式方面，目前我国移动图书馆以 SMS 短信模式以及 WAP 模式为主，客户端模式的应用还未得到大范围的普及，其中清华大学图书馆以及国家图书馆主要是利用 SMS 短信模式、WAP 模式以及客户端模式向用户提供移动服务，而北京大学图书馆主要是利用 WAP 这种单一模式向用户提供移动服务，相对来说较为落后。

在服务内容方面，国内移动图书馆的同质化较为严重，大多集中于图书到期提醒、图书预约服务、书目信息检索、图书馆公告、图书馆展览讲座信息、电子书阅读、参考咨询等初级服务，部分图书馆利用移动客户端程序开通了移动阅读的服务，具体可以归纳为图书馆馆务信息、个人账户信息、信息检索利用、参考咨询以及服务推广几方面。表 8-2 列出北京大学图书馆、清华大学图书馆以及国家图书馆的移动服务内容。

表 8-2　国内移动图书馆实际服务现状

	服务内容	国家图书馆	清华大学图书馆	北京大学图书馆
图书馆馆务信息	概况及开放时间	√	√	√
	地图或公交指引			√
	视频音频导航			
	新闻通知培训讲座	√	√	√
个人信息	个人借阅管理	√	√	√
	消息提醒定制	√	√	√
信息检索与利用	馆藏书目检索	√	√	√
	数据库资源检索	√	√	√
	多媒体资源	√		√
	电子书借阅	√	√	√
	商业移动资源			
	文献传递、馆际互借	√		
参考咨询	常见问题	√		
	留言意见反馈	√	√	√
	邮件短信咨询			
	学科指南、研究指导			
宣传推广	微博链接		√	√
	二维码访问	√	√	√
	热门推荐	√		

二、移动图书馆发展存在的问题

目前国内移动图书馆的建设还处于比较初级的水平。在移动服务模式、服务内容与技术水平等方面还存在许多问题。通过对国内移动图书馆的理论研究与实际建设情况进行对比分析，可以发现如下问题。

（一）理论研究与移动图书馆建设脱节

理论研究对实践的发展建设具有积极的指导作用。但从我国的移动图书馆建设情况来看，先进的理论并未对移动图书馆建设提供实质性指导。通过前文分析可知，目前我国的研究热点是移动图书馆与大数据技术的结合以及用户角度的研究，但是目前的理论研究大多基于国外的图书馆建设，因此一些论文的研究结论无法在国内的实践中发挥指引作用，在实际建设中，真正可以通过大数据等信息技术向读者提供信息服务的移动图书馆极少，理论研究与实际建设脱节，这是需要引起研究者广泛关注的重要问题。目前国内移动图书馆的实际建设情况仍处于较为初级的阶段，相较于理论研究具有一定的滞后性。国内的相关理论研究已经到达了鼎盛时期，但是实际建设情况却不尽然。例如，开展移动服务的图书馆比例并不是很高，服务的模式大多是以 SMS 短信模式以及 WAP 模式为主，技术发展仍然较为落后。

（二）移动服务模式单一

目前我国图书馆开展的移动服务模式有以下几种类型。

1. 基于 SMS 短信的移动服务

SMS 短信服务的方式主要分为两种：一是主动服务，即图书馆主动对读者进行信息推送服务；二是被动服务，即对读者提出的请求进行应答。主要的服务内容包括图书馆催还提醒、书目查询、借阅信息查询、新书到馆通知等。

2. 基于 WAP 的移动服务

WAP 是用于无线上网的无线应用协议，相比于短信服务，WAP 服务具有更强的信息交互性。WAP 移动服务的主要内容有提供图书馆的动态信息查询、书目查询、电子资源信息查询、留言、即时信息交流等。

3. 基于客户端的移动服务

随着信息技术与移动终端的不断升级，越来越多的图书馆开始建设专门的图书馆客户端软件进行移动信息的服务。客户端移动服务主要提供读者移动阅读、书目查询、即时交流、读者远程服务等。

通过前文知识图谱的构建分析可知，目前有关于移动图书馆服务模式的研究主要是以客户端为主、多种模式并存的形式，以单一的SMS短信移动服务或WAP服务模式的研究已经发展成熟。而根据调研结果发现，在实际建设中我国图书馆以上三种服务模式的发展并不均衡，以高校图书馆为例，目前我国的高校图书馆移动服务中同时开发了三种类型服务模式的图书馆只占31%，而同时开发了两种或者一种服务模式的图书馆占比69%。大多数图书馆仅开发了短信服务或WAP移动服务，而提供移动客户端程序的仅占小部分，远没有达到普及的状态，目前单纯依靠某一种服务模式已经无法满足用户日益增长的信息需要。

（三）移动服务功能不完善

通过移动图书馆突现词演化分析可知，关于移动图书馆的服务一直是领域内的热点话题，相关角度的研究一直在不断地发展着。在国内，服务方式的演化路径大体上从短信通知、数字资源的检索、个性化服务等方向进行着创新，近一两年，二维码服务、位置服务、语音服务、VR服务等作为关键词也开始出现在一些移动图书馆服务研究的文献当中。虽然国内服务方向的研究具有一定的先进性，但在实际建设过程中还是存在一些问题。

移动服务的业务功能最明显的缺点就是其同质化现象非常严重，图书馆主要的服务内容大多集中于图书到期提醒、图书预约服务、书目信息检索、图书馆公告、图书馆展览讲座信息、电子书阅读、参考咨询服务等，部分图书馆利用移动客户端程序开通了移动阅读的服务。虽然目前国内图书馆已经对移动服务的延伸性做了一些研究，但在实际建设当中，国内图书馆提供的移动服务仍然局限于一些基础服务上，在图书馆功能延伸以及拓展方面做得还远不够。相比于国内的移动图书馆建设，国外的移动图书馆建设已经趋于成熟，移动服务的普及性很高，丰富的功能具有个性化以及人性化的特点。国外图书馆的移动服务在满足用户基础需求的同时，已经开始向公共服务领域进行着延伸与拓展。例如，国外的高校移动图书馆不仅提供借阅信息、馆藏服务、移动阅读服务等基本的图书馆服务，同时还会针对校园读者提供校园游览、师生信息查询、社区服务、参考咨询服务、预定停车位、视频点播等校园特色服务，并开发了APP应用程序，同时还可以根据用户的借阅信息主动提供相关阅读等个性化服务。

（四）图书馆员与读者移动意识薄弱

图书馆与移动互联网技术的结合不仅改变了读者对图书馆的使用习惯，也在一定程度上改变了图书馆馆员的思想观念与工作方式。对于读者来说，移动图书馆可以不受时间和空间的限制提供移动服务，读者随时随地可以通过移动终端访问图书馆。但由于互联网的冲击，各种非专业的营利性机构推出的移动信息服务在更大的范围内被普及开来，虽然移动图书馆可以提供更加专业的服务，但是真正选择移动图书馆进行阅读以及信息获取的用户只占极少数，甚至一些用户并不了解图书馆移动服务的具体内容。尽管图书馆在移动服务建设方面做出了很大的努力，但是用户对图书馆移动服务的了解和利用并不如图书馆所想象的那样乐观，总体来说，目前用户对于移动图书馆使用的意识较弱。

在这场移动图书馆的变革中，图书馆员应当积极地引导读者，并推广移动服务的应用。随着移动互联网时代的来临，图书馆的工作不再是单一图书资料的采、编、借，已经发展到多种信息载体并存的知识服务。但事实上许多图书馆员并没意识到这个问题，仍然有较多的图书馆员仍然不能很好地适应自身工作内容与工作重心的转变，对于提供移动服务的敏感性较差。

三、移动图书馆研究与建设发展对策

（一）移动图书馆研究发展对策

1. 强化移动图书馆技术研究

通过对移动图书馆研究热点以及趋势的分析，可以发现移动图书馆技术研究一直是国内的热点研究话题，由前文国内高频关键词表可知，3G/4G、WAP、大数据、云计算等与移动技术相关的关键词词频较高，相关研究一直处于活跃状态。同时，从国内移动图书馆研究的突现词及时区分布图可知，未来国内的研究重点是将移动图书馆与大数据技术、云计算技术等新兴信息技术进行多层次的结合。但从研究时间以及研究的深入程度来看，目前国内移动图书馆技术研究较为成熟的是基于3G/4G通信技术、WAP技术对移动图书馆的建设，对大数据技术、云技术等新兴技术的研究过于理论化，研究的实用性以及深入性还远远不够。

随着大数据时代的到来，移动图书馆利用信息技术满足用户更加多样化、个性化需求是图书馆未来的发展趋势。首先，国内移动图书馆应当借鉴国外的先进实例与研究，在总结国外发展规律的同时结合本国图书馆实际，探索国内移动图书馆技术发展方向。其次，积极促进图书馆领域研究者与移动通信领域研究人员的沟通，移动图书馆在技术研究过程中需要以更加专业的跨学科知识作为基础，重点促进图书馆实践机构与院系研究者之间的合作与交流，形成多元化的、较为稳定的研究团队。最后，国内的一些图书馆已经开始对新兴信息技术进行了初步探索并取得了一定的成果，国内的研究应当以这些实践为基础，结合最新的研究理论，构建国内移动图书馆的技术框架，并建立普适性的发展模型，对国内图书馆进行理论指导。

2. 重视移动图书馆平台建设研究

通过前文对国内移动图书馆研究突现词的分析，自 2015 年国内的一些研究者开始对微信等公众平台在移动图书馆服务中发挥的重要作用进行了研究。随着交互式平台与移动图书馆合作的不断加强，对图书馆移动平台建设的研究也应更加深入。

大数据环境下的移动图书馆主要包括移动图书馆 APP 平台和微信图书馆。国内移动图书馆领域主要从平台内部功能模块划分、用户使用系统构建、管理系统构建等方面对 APP 平台的建设进行了研究。由于这些研究的理论化成分过多，导致在实际建设过程之中，移动平台存在着许多问题，例如身份认证和信息安全问题，用户需求改变与资源建设问题，移动图书馆服务与图书馆系统对接较差，服务内容单一，同质化现象严重。研究者应当总结图书馆移动服务的开展情况，针对这些建设中出现的具体问题进行分析与研究，起到指导实践建设的作用。还应针对不同类型的图书馆进行不同功能的移动平台构建研究，例如，高校图书馆加强科研服务模块建设研究，公共图书馆则加强公共服务模块建设研究，提高移动服务平台的针对性才能吸引更多的潜在用户。

3. 深化国内移动图书馆用户研究

由前文对移动图书馆的热点以及前沿演化可以发现，对于移动图书馆用户的研究一直是国内外研究的一个重点方向。由前文国内外移动图书馆的研究演化可知，国外进行图书馆研究的历史由来已久，发展得也较为成熟，“user study”作为突现词的权重值高达 3.6，而国内“用户体验”作为突现词的权重值仅为 2.1，在研究的成熟度上还远落后于国外的相关研究。国内移动图书馆应当引入多元化的研究方法，形成定性与定量相结合的方法体，并深入研究主题，完善用户研究框架。

4. 积极进行评价机制研究

国内移动图书馆的研究目前更多停留在理论方面，并不能做到从实际应用层面出发，这是国内研究领域的一大缺点。对此，我们应当加大以用户为中心的评价机制的研究，通过建立一套科学有效的系统质量评估体系，使图书馆的研究者和建设者从更加客观与实际的角度去了解移动服务的优势与缺陷。这种评估机制的特征是可以从用户的角度去评价移动平台的运行效果、系统稳定性、平台的易用性与可操作性等问题，以便研究者更加直观地对用户的需求、满意程度和建议进行了解并及时进行改进。

目前，我国的移动图书馆研究正不断地拉近与国际研究的差距，但仍然存在着不少的问题。其中最重要的就是国内的研究大多集中在技术方面的理论研究，弱化了用户研究，也偏离了实际的建设情况。因此，国内移动图书馆应当积极地对用户因素进行分析、调研，同时引入科学有效的系统质量评价机制，建设可以满足用户愈加多样化、个性化需求的移动服务。由于国外基于用户角度的移动图书馆研究和建设已经发展得较为成熟，所以国内的研究者应当积极学习、借鉴国外优秀的研究理论与实践经验。

（二）移动图书馆建设发展对策

1. 完善移动图书馆客户端建设

通过国内移动图书馆的突现词演化分析可知，近两年来，关于APP的相关突现词开始出现在大众视野，随着各种交互式软件的大规模普及，各种形式的移动图书馆平台也开始成为领域内的一个重要的研究方向，研究者们已经从技术、应用、服务等方面对移动平台进行了研究。而结合实际的建设情况可知，国内移动图书馆客户端的服务模式目前尚未得到大范围普及，在实际的推广过程中存在一些问题。

基于此，图书馆应在兼容各种操作系统的基础之上，针对不同的移动终端开发移动应用软件、移动服务平台以及移动OPAC。在保障建设移动平台先进性、稳定性、延伸性的基础上，优化平台的显示界面性，使用起来更加便捷。同时，利用移动平台，让用户在移动设备上获取有效的图书馆资源和服务，通过移动阅读与移动学习的方式充分利用图书馆馆藏。总体上使移动图书馆的平台具备基于元数据的一站式检索、传统与数字服务集成、适用于各种配置的移动终端设备、信息资源云储存、用户服务个性化以及随时随地对馆内所有资源进行全文阅读等移动服务功能。

2. 结合信息技术拓展深化服务功能

在移动图书馆服务功能建设中，国内移动图书馆还有所欠缺，因此应通过积极引入信息技术来不断拓展与深化服务功能。

在深化服务层次拓展方面，国内图书馆可以通过引入大数据技术、云计算技术等建设更为智能化的移动服务。利用大数据技术收集整理用户的检索信息，通过对大量数据的分析、汇总，计算出用户的深度需求，并及时、主动地向用户推送相关信息；结合云技术实现图书馆，利用远程计算机为用户提供存储、访问及本地化服务；图书馆还可以通过数据挖掘技术从大量信息资源中挖掘出满足用户需求的信息，通过移动终端为用户提供更加及时、精确的决策支持。大数据相关技术是目前移动图书馆界研究的重点，在实际建设中也应积极引入信息技术，以期不断深化移动图书馆的智能化程度。

在拓展服务功能方面，利用如移动通信技术、二维码技术、基于位置服务技术、建议信息聚合技术、语音导航技术、数字图书馆技术等发展移动图书馆。在信息资源建设方面，对信息资源进行标准化处理，建立符合移动信息服务的数据库，同时利用信息整合技术处理移动平台上信息资源，实现显示资源与虚拟资源的有机统一，提供实体图书馆服务与移动图书馆服务的无缝对接。在参考咨询服务方面，积极利用新兴的即时通信软件与图书馆结合，建立交互性的服务体系，通过实时对读者需求进行了解，以期提供更加及时的个性化服务。在移动图书馆推广方面，可以采用二维码技术进行图书馆宣传服务，读者可以随时通过扫描二维码的形式对移动图书馆的服务进行深入了解。通过各种形式的移动技术，以扩展移动图书馆服务的广度，实现图书馆移动服务人性化、普及化，平稳推进移动图书馆的现代化发展。

3. 积极扩展移动图书馆用户群体

通过前文对移动图书馆建设问题的分析可知，目前国内移动图书馆还得不到大众的普遍认识，由于移动图书馆建设的局限，大众普遍利用非专业的搜索软件获取信息。为此国内的图书馆应该在加强移动图书馆宣传推广的同时，积极地从用户的角度进行移动服务建设，通过对用户需求、使用偏好、习惯等方面的研究，建设更加人性化的移动图书馆服务。

根据一项有关于移动图书馆的调查发现，目前国际上大多数图书馆的移动服务以书目查询等基本服务为主。图书馆移动解决方案提供商 Boopsie 近期的用户使用模式分析表明，在其所提供的服务中，60% 的访问量与服务分布位置、服务时间、活动日程、博客及阅读列表相关，用户实际上对紧密联系图书馆与相关用户社区的基础信息和服务更感兴趣，因此图书馆应当紧密关注用户角度的移动图书馆研究，结合本馆实际提供更加人性化的服务，以期吸引更多用户形成利用移动图书馆检索信息的行为。

目前国内的图书馆主要有公共图书馆与高校图书馆两大类。这两类图书馆的用户群是不同的，对于不同的用户群应当提供不同的移动服务。对于公共图书馆来说，除了提供基本借阅信息、信息检索服务与馆内通知等基本服务以外，还可以提供一些延伸服务，如社区医疗记录、政府通知、社区服务等，利用移动图书馆的服务平台帮助打造智慧社区乃至智慧城市。对于高校图书馆来说，其主要服务对象是高校学生，自习室预约、微视频服务、微课堂开展等都是高校用户重要的需求。同时高校图书馆还可以提供不同形式的培训服务，聘请专业教师和专家进行 MOOC 的制作，讲解不同领域的知识以适合不同层次读者的需求。用户作为图书馆服务的主体，是移动图书馆服务体系构建的根本依据，以用户为中心来满足其更多的需求是建设移动图书馆的发展方向。

移动图书馆使用率不高的另一个原因是图书馆自身的宣传不到位，用户不了解移动图书馆的具体服务，进而导致潜在用户的流失。为此图书馆可以通过软件即时宣传、新闻宣传、举办活动讲座等方式对移动图书馆服务进行宣传。

4. 鼓励一线图书馆员专业研究

根据前文对移动图书馆研究的作者共被引分析发现，目前国内移动图书馆领域的研究人员多是高校的专业研究人员，处于一线的图书馆员相对较少。在移动图书馆的不断发展过程中，图书馆员是最了解实际建设情况的群体，由于图书馆员处于移动图书馆的第一线，可以更加迅速全面地掌握读者的反馈、用户需求、用户使用情况等信息。因此图书馆员应当积极利用其工作的便利性，随着对移动图书馆工作的开展，从不同的角度进行专业的研究。也可以积极同学科专家进行合作研究，向领域内的专家提供数据支持与问题反馈，在对移动图书馆实际建设现状以及存在的问题进行总结的基础之上，提出基于实践基础的研究突破口。另一方面，图书馆要鼓励图书馆员随时关注国内外的新型研究动态，把握移动图书馆最新的研究方向，了解分析移动图书馆的最新动态与技术，并将先进的理论运用到实践当中。

第九章　图书情报学科知识图谱实证研究创新与展望

进入21世纪，网络环境下的情报学发展迅速，科研合作化趋势不断增强，经过10多年的发展和积淀，图书情报学已经发展成为一个相对完善的学科，图书情报学未来的发展将在坚守与拓展中开辟新路径、构筑新格局。

第一节　图书情报学研究方法的创新

本节从破除经院式研究法、破除经学研究法、破除封闭式研究法入手，阐述了图书情报学研究方法的创新要中西结合、取长补短，需要精确化的定量分析和综合化的跨学科研究。

一、破除落后的研究方法

（一）破除封闭式研究法

封闭式研究法有两层意思：一是把某一问题的研究内容和范围限制在狭窄的专业圈子之内；二是在研究重大基础科学的重大课题时，仅仅依靠本国、本部门、本单位或个人的研究力量。在对某一学科领域内的某一课题进行理论研究时，如果把探索的眼光局限在这个单一的领域，不注意相邻学科之间的联系，那么所得结论很可能是片面的。因为一门学科是从整个科学体系中划分出来的，不仅具有相对的独立性，它与相邻学科也有着多方面的密切联系，这是客观世界的规律性所决定的。这种学科交叉现象，不但自然科学有，社会科学也同样有。封闭式的研究方法，对许多研究课题的探索是没有什么好处的。

（二）破除经学研究法

对于封建文化的主流经学，不仅要从根本上予以否定，而且对于经学的一套研究方法也应该予以彻底破除。经学研究法是对儒家先哲的著作进行无限的注释、正名和考据。这种注释、正名和考据虽然也是一种学术研究，也是一种研究办法，但它基本上是对前人的研究成果进行整理，而不是对现实的实践活动中的第一手资料进行直接研究。因此，我们要彻底破除这种落后的经学研究方法。然而这种落后的经学研究法，仍然是社会科学和人文科学等领域里的主要研究方法。

（三）破除经院式研究法

经院哲学是中世纪欧洲封建统治阶级的官方哲学，因产生在教会的学院而得名。经院哲学用形式逻辑来论证教会思想体系的正确性，为封建制度的巩固建立理论依据。长期以来，不少人之所以热衷于经院式研究法，主要是因为他们把马克思主义看成是教条。恩格斯早就预见到这一点，他指出："马克思的整个世界观不是教义，而是方法。它提供的不是现成的教条，而是进一步研究的出发点和供这种研究使用的方法。"人们要破除经院式研究法，反对把马克思主义当成千古不变的教条，就要坚持和发展马克思主义的科学体系，而不是恪守个别结论，更重要的是要接受新思想、新学说和新观点，要积极开展学术争鸣，提倡讲真话。

二、图书情报学创新研究方法

（一）中西结合、取长补短

中国图书情报学在引进西方理论的同时，也引进了西方的方法。由于中国文化与西方文化有较大的差异，因而完全运用西方图书情报学方法来研究中国图书情报学必然会不太适用。中国图书情报学者应该充分利用自己比较擅长的分析和研究方法，深入中国文化资源，把其中的认知方式、世界观与价值观提炼出来，以充实乃至更新现代图书情报学研究方法。中国学术传统经历两千多年而不衰，表明它具有很强的生命力。任何国家传统的学术文化均有其长短优劣，中西方法应取长补短、互相借鉴。闭关自守不行，照搬照套也行不通。图书情报学只有在继承、弘扬本国优秀学术的基础上，并与西方的研究方法相结合，才能创新和建立具有中国特色的图书情报学研究方法，形成自己的方法论体系。

（二）精确化的定量分析

图书情报学研究方法的精确化，是当代图书情报学研究方法的重要趋势，也是图书情报学实现现代化的关键。传统图书情报学长于局部和个体的定性研究，而弱于定量分析，因此往往得出的结论不够精确，不够科学。近年来数学方法应用于图书情报学研究开始增多，这是一个可喜的现象。更值得一提的是，《文献计量学》等专著的出版及其经验定律逐渐广泛地被研究人员掌握和运用，说明图书情报学研究的量化程度正在不断提高。

（三）综合化的跨学科研究

综合化是指跨学科的综合研究，或指使用多学科的研究方法来探讨某一特定的研究课题。图书情报学研究的综合化是人们的唯物辩证法认识在图书情报学研究方法上的反映。这种反映表现在外部，则是哲学、社会学、历史学、语言学、数学、逻辑学等多学科的综合研究；表现在内部，则是目录学、图书分类学、读者工作、图书馆网络、信息服务等的综合研究。图书情报学研究方法多具单一性、平面性、个体性等特点。随着现代图书情报学的发展，这样的方法已经不能满足需要了。为了了解图书情报学的内在本质及其发展规律，必须要对图书情报学进行多角度、多侧面、多层次、多因素、多联系和多领域的研究。这种研究方法，不仅是整体的、系统的，而且是反映多层次、多角度的立体关系的方法，是一种综合化的跨学科研究。

第二节　隐性知识理论与图书情报学理论创新

进入21世纪，知识经济兴起和国际互联网普遍、深入应用所引发的外部环境的巨大变化，使图书情报学面临着理论重构和实践创新的双重压力。理论重构和实践创新存在紧密的互动转化关系，最终都要统一到满足新形势下读者知识需求的目标上来。20世纪80年代以来的图书情报学知识论研究是适应环境发展变化需求的主流研究范式，对图书情报学理论和实践向知识领域发展起到了很大的推动作用。但从当前图书情报学知识论研究的主要形式来看，绝大多数研究成果的认识论基础是知识的客观属性，研究对象局限于显性知识的范畴，对知识的主观属性和知识的另一种重要类型——隐性知识则缺乏必要的认识和深入的研究，导致图书情报学的理论和实践停止于显性知识的层面，既无法满足新形势下读者的知识需求，也无法维持图书情报机构自身的生存和发展。隐性知识作为一种全新的知识理论，深化了人类对知识的认知，对包括图书情报学在内的众多相关学科理论和实践的发展具有重要价值。以隐性知识理论研究探讨图书情报学的理论创新问题，可以获得许多有价值的启示。

一、隐性知识理论扩大图书情报学研究对象范围

任何一个学科的研究对象都不是人为限定的，而是根据学科的性质和历史传统，适应外部环境的变化以及人们认识水平的提高而不断动态演进的。从学科性

质看，图书情报学承担着知识保存和传递的社会职能，最终目的是满足用户的需要。不论对个人还是对企业来说，知识构成都有两个层面：隐性知识和显性知识。隐性知识是知识的主体，对个人和企业的发展更有价值，用户对知识的需求自然也包括显性知识和隐性知识两个方面。基于此，图书情报学就不应该把隐性知识排除在基础理论研究的范围之外，否则就是人为地弱化了图书情报机构的社会职能和学科的地位与作用。

从历史传统看，图书情报学一直把客观知识（显性知识）作为研究对象，一方面基于历史上起主导作用的知识客观属性的认识论，另一方面，在传统的技术条件下，纸质文献是知识最主要的载体形式。虽然图书情报机构基于文献的显性知识服务不能完全满足读者的知识需要，但由于受到技术条件的限制，读者无法从其他途径方便地获取知识，图书情报机构因此得以很好地维持知识资源中心的地位，没有生存危机的出现。而事实上，以显性知识作为研究和服务的内容既无法从根本上否定用户对图书情报工作中隐性知识的需求，也无法否定隐性知识一直是图书情报机构提供的服务内容的事实，只不过传统的图书情报服务提供的隐性知识服务在数量和质量上无法达到用户的需要，因此长期以来广受诟病罢了。比如，图书情报机构为用户提供的如何利用图书馆以及文献检索方面的培训，为用户提供的是技能类、认知类的隐性知识。图书馆通过举办读书报告会、经验交流会，提高读者对阅读的兴趣、热情和情感以及丰富阅读的经验，为用户提供的是情感类、信仰类和经验类的隐性知识。所以，传统图书情报实践一直以来并没有完全把隐性知识服务排除在外，隐性知识服务始终是图书情报服务的固有内容，只不过图书情报学界对此缺乏明确的认识，没有将其纳入基础理论研究的范畴，存在理论滞后于实践的现象。

从外部环境看，知识经济的兴起和国际互联网普遍深入应用的 21 世纪，图书情报机构的生存环境发生了巨大的变化，其中的一个重要特点是创新成为时代的主旋律，各个行业面临着巨大的创新压力。创新的过程是发现问题和解决问题的过程，从本质上讲是在既定的显性知识体系的基础上，个体利用专业分工所形成的隐性知识差异进行的知识深化和扩散的过程。在这一过程中，显性知识和隐性知识要经过多次转化。解决简单的问题，对显性知识的依赖较大；越是复杂的问题，越是要依靠隐性知识才能解决。也就是说，知识创新的过程是由大量的显性知识、隐性知识共同构成的，它们之间存在大量的交叉融合。基于此，人们对知识的认识也发生了变化，知识的主观性和内隐性越来越被理论界和实践者认同。

由于图书情报学传统理论把隐性知识排除在外，导致图书情报实践工作注重显性知识服务，忽视隐性知识服务。随着国际互联网的普遍深入应用，用户不依赖图书情报机构也能很好地获取显性知识，使得图书情报机构知识资源中心的地位被极大地削弱，甚至面临着生存的危机。基于此，图书情报学只有把隐性知识纳入研究的范围，继续丰富和发展图书情报学基础理论，以此指导实践工作的开展，真正满足读者对隐性知识的需求，才能保证图书情报机构的生存和发展。

隐性知识理论的一个贡献是扩大了人们对知识范畴的认识，认为知识不止限于文献、信息等显性知识，而是将知识的范围扩大到了人与人之间、人与社会之间、人与信息之间。将隐性知识理论引入图书情报学基础理论研究，并不是要以隐性知识理论完全否定或者代替传统的基于显性知识的图书情报学理论，而是用隐性知识理论进一步发展、完善传统的图书情报学理论，其中一点就是扩大图书情报学基础理论研究的范围，不再局限于文献、信息等显性知识的范围，而是把与读者发生联系的各类活动和知识都纳入研究的范畴。由于图书情报服务是通过读者、资源、环境和馆员四者互动而完成的，所以图书情报学基础理论研究的范围就不应局限于文献和信息本身，而应扩展到以上四个方面，尤其要研究四者的互动关系。

显性知识是知识大树的果实，隐性知识是为大树提供营养的树根；显性知识是知识冰山露出海面的部分，隐性知识是沉没于海平面以下的部分。通过将隐性知识理论与传统的图书情报学理论整合，既可以保证对知识认识的完整性，也可以保证图书情报学研究对象的完整性。

二、隐性知识理论促进图书情报学基础理论深入研究

根据信息纵向价值链理论，数据、信息与知识、情报、智慧之间存在着转化增值关系，对数据和信息进行过滤、组织、归纳和综合，可以形成知识（主要是显性知识）；通过对显性知识进行交流（形成情报）、学习、批判和思考，可以把显性知识内化为隐性知识，形成个体的智慧（主体是隐性知识）；而智慧又成为人们获取数据和信息，对其进行加工成为知识的依据。也就是说，显性知识和隐性知识之间存在着复杂的内部转化、作用机制，对这种机制进行研究、掌握，是图书情报机构做好服务工作的前提和基础，是图书情报学基础理论研究的重要任务。因此，英国图书馆学家布鲁克斯提出了“知识就是图书馆学的本质，图书馆学就是研究知识结构对认识主体——人的作用机制的学问”的论断。

在互联网普遍应用的大数据时代，信息（显性知识）是高度过剩的，而高质量和相关的知识却是稀缺的。也就是说，与人们需要的无关信息到处都是，但真正与用户具体需求相关的信息却难以找到。所以，在互联网快速发展、普遍应用的信息时代，读者遇到的问题不再是与知识资源的距离问题，而是对知识资源的选择应用问题。显性知识越增多，隐性知识就越变得宝贵，因为个体根据多年的经验和知识积累所做出的预见和判断，对显性知识的选择、甄别、过滤和分析，是使信息展示其价值的关键。也就是说，人们的隐性知识在挖掘显性知识的价值中扮演了主角，是使信息为决策、为解决问题服务的关键一环。

隐性知识理论的提出，可以促进图书情报学的基础理论研究深入到显性知识和隐性知识转化机制（知识结构对认识主体——人的作用机制）的层面，从而有效指导图书情报机构资源建设和服务工作的开展。已有许多学者提出的相关理论可供图书情报学理论研究和工作实践进行借鉴，比如柴旭东根据 SECI 模型理论，提出了知识场的观点，认为 SECI 的四个知识转化阶段中，需要建设原始场（S 阶段）、对话场（E 阶段）、系统场（C 阶段）、练习场（I 阶段）四种场。这些理论重视读者在隐性知识学习中的主体地位，重视情境建设对知识转化的重要作用，因此有助于图书情报学结合学科的特点研究如何把图书情报机构的资源和服务更好地作用于读者，从而提高图书情报从业者的认识，促进他们创造性地开展工作，满足读者提高隐性知识水平的需要。

三、隐性知识理论促进图书情报学基础理论研究的指导思想从控制向激发转变

人们在图书情报工作中处于主体的地位是业界的共识，也是图书情报学理论研究和工作实践的起点。但由于受知识客观属性认识论的影响，图书情报学理论研究和工作实践关注的是显性知识，并“希望通过对知识做静态的逻辑分析，把知识完全结构化地组织起来”。指导思想的实质是一种控制的思想，在这种思想的指导下，图书情报学基础理论把知识资源、馆员甚至读者作为管理的对象，一方面强化人对知识从创新到应用的控制，如实施知识创新管理、知识应用管理、知识传播管理，以及开展知识导航服务、知识评价服务、知识咨询服务等，另一方面强化技术的作用，如重视网络技术知识、仓库技术、数据挖掘开发工具和软件等。因此，“以人为中心”的思想没有得到深刻的贯彻，读者在图书情报工作中的主体地位也没有完全实现。

隐性知识理论的提出，可以在图书情报学理论研究和工作实践中更好地贯彻“以读者为中心”的思想。隐性知识理论认为，人是认知的主体，知识是人的心灵与外界客体相互作用的过程中从内部生成的，人的心灵具有自觉能动性，学习的过程是主动理解和建构的过程。

个体基于自己的经验，在一定的情境中通过与他人的社会性互动，从而构建自己的认知体系。隐性知识学习强调背景因素在个体主动建构知识过程中的重要作用，对图书情报学理论研究的启发在于，图书情报机构对显性知识管理的内容、流向和结构应该以激发隐性知识为核心。显性知识的作用宛如催化剂，用来激发人们的想象力和创造力，而隐性知识的注入又可以提升显性知识的价值。传统的图书情报学理论重视知识的整序，忽视知识的挖掘、交流与激发，即把知识管理的重点放在显性知识层面，关注显性知识本身的管理，忽视对读者获取知识过程的研究，没有探讨如何更好地把图书情报机构的显性知识转化为读者的隐性知识。大数据时代，读者提高隐性知识水平的需求日益强烈。对于图书情报学基础理论研究来说，不能再把读者作为与其他管理因素或对象一样可以通过各种方法和制度来加以管理和控制的资源客体，而是应该将其作为具有精神、文化属性的主体。因此在新的发展时期，图书情报学基础理论不仅要研究显性知识的组织与利用，更要加强对知识学习过程中读者心理和行为的研究，探讨如何通过建设各种有效的激励手段和学习环境，将人的因素和技术的因素完美地结合在一起，更好地促进读者的知识建构。

第三节　知识管理与图书情报学创新研究

近几年，国内出现了知识管理的研究热潮，但是这些研究中的大部分是介绍和跟踪国外知识管理的理论进展或企业管理，而对知识管理与图书情报学互动的研究很少涉及。因此，我们必须加强这方面的研究，以促进图书情报学的创新和我国图书情报事业的全面发展。同时，在知识管理的新态势下，图书情报专业人才要提供知识挖掘、知识组织、知识导航等服务，在知识市场中扮演知识经纪人的角色。他们既要掌握基本的图书情报理论和技术，又要掌握信息技术，具有管理知识以及一定的研究能力。因此有必要对图书情报学教育进行改革，培养出更适合社会发展的图书情报专业人才。

一、知识管理环境下图书情报学的创新研究

（一）知识管理与图书情报学研究的关系

1. 知识管理与信息管理

知识管理从根本上不同于信息管理，信息管理主要侧重于信息的收集、分类、检索、存储和传输等，对信息管理者的创新能力并未提出特殊的要求，而知识管理则是继承了人本管理的思想，它是以人为中心的柔性管理，而不是以物为中心的刚性管理，它发展了人本管理的特点并予以创新，以发挥人力资源的创造性为目标。知识管理反映了知识经济时代知识生长的基本特点，是产生新知识的高智力创造性劳动，它不仅依靠大量综合性的信息资源，以及经过筛选的显性知识，而且更多地依靠研究工作者的知识结构、工作经验等，将隐性知识与显性知识相融合。图书情报学从文献层次向知识层次深化、演进和发展，而知识管理理念中一个很重要的问题就是怎样对知识进行有效的组织和管理，其重点在于对知识的有效引领与导航，并以此为点扩展到知识组织、知识服务和知识创新三个管理层面。

随着知识经济的出现，图书情报学研究在“信息”和“知识”的层次不断向纵深发展，信息资源的开发建设又升华为对知识资源的组织、建设和开发，即知识管理。知识与使用知识的人是紧密结合在一起的，所以在图书情报学研究工作中导入知识管理，最为关键的因素是人。无论是知识管理技术和方法的实施与应用，还是营造知识共享和知识创新的文化氛围，人都是主要的实施者和推动者，并且其成功与否很大程度上取决于情报研究人员的内在动力、掌握现代技术的能力、专业水平和实践能力。

2. 将知识管理理念应用到图书情报学研究工作中

知识创新是知识管理的直接目的，将图书情报学的研究方法应用到知识管理中，本身就是一种创新，这两门学科都是为解决知识的有效组织、管理和利用，有着共同的应用领域，而且两者在理论研究领域和实践研究领域都可为对方带来新的思路与内容。将知识管理理念应用到图书情报学研究工作中，其目的就是要将图书情报学研究工作纳入到高级管理的范畴，从战略高度制定研究目标，从整体上设计工作体系，将情报研究人员在工作中产生的隐性知识进行积累、存储并转化为显性知识，促进研究人员将吸收的知识激活转化为新的知识或情报。相互促进与共同发展的互动性知识情报为图书情报学的发展建设提供了良好的契机，

带动了图书情报学研究领域的一次革命，为其提供了全新的观念、理论、方法和途径，促进了图书情报学研究的创新与发展。

3. 强化知识管理，促进知识共享

由于知识管理的引入，图书情报学知识化成为目前研究的热点。以文献组织和信息组织为主的图书情报学被知识组织所替代，知识组织成为图书情报学的核心内容之一，并且在知识导航研究、知识结构研究、知识发现、知识挖掘、知识仓库、知识库管理系统以及围绕知识产权保护等方面已经取得了一系列成果。另外，知识管理充分吸收了信息管理理论和实践的成果，其核心是在充分占有信息和知识共享的基础上的知识创新。图书情报界认识到知识管理在知识经济时代的重要性之后，迅速将信息管理和信息资源管理的成果运用到知识管理领域。同时，图书情报工作者成为知识管理研究和实践的主要力量之一，知识管理研究也将促使图书馆专业人员与知识管理专家（如 CIO、CKO）等角色对应起来，产生更大的社会适应能力。以往传统的知识组织结构，阻碍情报研究人员之间的知识获取，抑制了知识的共享与创新。实施知识管理就是要在现实中促进知识加速流动，促进知识共享与交流的发展。知识管理的有效实施需要情报研究人员的参与和协调，需要图书情报学研究工作与知识管理的活动相互适应与促进。只有这样，才能够发挥知识管理的最大效应，以达到提高情报研究的工作效率、推动组织知识创新进程的最终目的。

（二）知识管理领域中图书情报学研究创新探讨

1. 重视知识生产与创新

对数据、信息和知识而言，存在着知识 – 信息 – 数据（Knowledge–Information–Data，KID）的等级分类。知识是最先存在的，然后被分类、描述和结构化，成为信息。信息通过特定的规则或标准的描述和组织后成为数据。人们的需求和原有的知识结构驱动着知识的生产，是一系列外界刺激流所促发的感知或认知的结果，所以信息转变为知识在于信息被人脑处理或加工，而知识转换为信息则在于知识以文献、图像、词汇或其他标记符号等形式被分类和组织。知识管理应重视对信息管理方法的继承和功能的扩展，其中对隐性知识的管理应成为重中之重。隐性知识根植于特定背景下人们的行为和经历中，受制于人们的思维模式和技能。新概念下的知识管理应着眼于知识本身的管理，聚焦于对知识语义层次上的组织和分配的实现。可以这样理解，知识管理的实现模式应是“Demand–Side”，即追求在适当的时间将适当的知识传递给适当的用户。也就是说，无论是显性知识的组织和挖掘，还是隐性知识的显化，最根本的目的就在于服务的协同和满足用户的个性化需求，在于知识的传播、分配和生产。

2. 重视知识管理动态与可持续发展

由于知识管理适应了知识经济对知识创新、知识共享等多方面的要求，因而获得了较快的发展。目前，知识管理的研究已经拓展到图书情报学领域，并且对图书情报学理论和图书情报机构的实践产生了积极的影响。

知识管理动态与可持续发展，不可能只简单地寄希望于一个系统的实现或模型的建立。知识具有很强的内容即时性和演变的不确定性，其内容和类型始终是实时变化和创新的，新技术、新管理方式、新的观念和思想层出不穷。此外，用户的需求将更加多样化和复杂化，从而更寄希望于对实时知识的挖掘和可操作的解决方案，这也从另一方面要求在知识管理系统的建设中应不断增加后续投资，以不断深化管理和升级更新。无论是隐性知识和显性知识之间，还是个人知识和群体知识之间的转换，都存在着知识价值让渡上的权利和义务关系问题的处理，因而权衡不同利益主体之间的权益关系成为知识管理应首要解决的问题。当知识进入某个系统或是从他人那里寻找知识时往往是艰难的，从而使得分享和利用知识存在障碍，因此要用动态的、与时俱进的观点来指导研究实践。

3. 重视知识挖掘、共建与共享

知识管理应是一个完整的过程，不应被人为地分割开来。在知识处理系统中，关注的不应只是知识的挖掘和获取，而更应关注知识的生产、交流和利用中的绩效。对于知识源而言，应关注其生产知识的能力和知识产品实现价值的评价，对于知识用户，在接受服务的过程中，更具个性特征，时效性和针对性更强，这往往成为知识产品价值实现的关键。由于大量隐性知识的存在，只凭技术是无法实现对这些知识的发现、索引和集群的，知识管理者的介入将成为实现这一功能的强有力保证，知识管理者可以是个人、团队或组织，起到促进知识的有效发现和生产的枢纽作用。只是管理者以人与人之间的交情、信任和共同兴趣为基础，营造知识共享的知识团队，形成有效生产知识的环境和条件，起到传播隐性知识和知识创新作用，促成隐性知识和显性知识、个人知识和集体知识的相互转换。

二、知识管理环境下图书情报学教育及专业人才的培养

（一）知识管理环境下的图书情报学教育

知识管理对情报学的扩展是全方位的，它不仅推动情报学学科的发展，而且

对情报学人才提出了更高的要求，这就需要作为人才支撑的情报学教育做出相应的变革。秦铁辉指出：在知识管理态势下，图书情报专业人员的职业定位是知识挖掘者、知识组织者、知识导航者和知识经纪商，基于知识管理的图书情报学教育课程设置可以模块化，并采取开放式、互动式教学方式，以培养复合型人才。马海群也提出了知识管理视角的图书情报教育机构的改革思路，并进一步论述了图书情报教育的课程整合及整合的方式与手段问题。情报学教育的理论研究根植于知识管理对情报学的推动，同时对情报学教育实践提供了理论指导与方向。现在，我国情报学教育机构都在不同层次上开展了知识管理内容的教学，特别是研究生教育，知识管理专题是其核心课程之一。

（二）知识管理态势下图书情报专业人才的培养

1. 知识管理态势下图书情报专业人才培养的目标

第一，培养复合型人才。在知识管理态势下，图书情报学教育的培养目标由“专才”转向“通才”，图书管理者要充当多重角色。以前，图书情报学教育只是为图书情报机构培养专门的文献管理、书目管理等方面的人才，这显然不能适应时代的要求，不能满足市场的需求。面对知识管理的冲击，图书情报学教育要培养复合型人才。图书情报专业人才在图书情报工作过程中，要从事诸如知识挖掘、知识组织、知识导航、知识经纪等多种相关工作，要与各式各样的人员、部门以及组织机构接洽。他们既要掌握图书情报学基本的原理、技术和先进的信息技术，还要具有管理学、心理学、人力资源管理学、经济学、组织行为学、计算机科学等多种学科知识。不但要求有较强的实际操作能力，而且要有应变能力、组织管理能力、创新精神和人本精神，有团队合作的意识，有终身学习的信念。

第二，创新精神的培养。知识管理需要创新，图书情报学教育也需要创新精神的培养，例如，积极地运用已有知识和技能，充分地调动资源，不断地探索新的知识和新的解决方案。拒绝墨守成规，具有批判精神，勇于打破思维定式，在理论学习和实践的基础上，进行创新活动。图书情报专业人才只有在实际工作中才能够创新，才能够从容面对新的问题和挑战，才能够在市场上具有竞争力。

2. 知识管理态势下图书情报专业人才培养的理念

第一，重视知识价值链的构建。知识价值链主要是由知识的获取、知识的共享、知识的创新与知识的利用等环节构成的。这几个环节联系紧密，缺一不可。知识管理优化各个环节之间的联系，使知识不断地流动，为组织提供有效的资源，使人们的观念发生转变，从文献价值链、信息价值链转向知识价值链。知识管理对知识价值链的重视，导致在图书情报学教育中开始重视知识价值链的构建。图书情报学教育培养出来的人才将在知识管理中直接参与知识价值链的构建活动。因此，图书情报学教育要有针对性地结合知识获取、知识共享、知识创新、知识利用等知识价值链中重要环节的运作、实施需要，在教学过程中，注重培养人才的知识挖掘、知识获取、知识组织、知识创新能力。此外，还要加强对技能知识和人际知识的研究和传授。因为在知识价值链的构建过程中，仅仅知道“是什么”和“为什么”的知识是远远不够的，还要知道和掌握相关的技能知识，如数据挖掘、知识编码、网络管理等。同时，人际知识也是必不可少的。只有掌握组织机构内人力资源的构成和配置情况，了解各部门内有什么样的人才、这些人才掌握了什么样的知识、掌握知识的程度如何等一系列情况，图书情报专业人员才能够绘制出组织的知识地图，来引导组织内的人员寻求知识并利用知识解决问题，发掘人力资源中所蕴含的知识资源。

第二，树立以人为本的观念。图书情报学教育要围绕人的自由全面发展，围绕着如何调动人的积极性、主动性和创造性，围绕着尊重人、满足人、激励人、开发人来开展教学活动。一方面，要注意激励图书情报专业学生积极、主动地学习，为他们营造良好的学习氛围和交流的环境，使学生们不但有独立思考和学习的能力，而且乐于、善于与他人交流学习经验和心得体会，在交流中使知识得以流动和共享。另一方面，要让学生投入到教学活动中来，而不再是被动、单向式的知识灌输，让学生对于教学活动提出意见和建议，并与教师一起研究、探讨问题。在图书情报学教育中树立人本观念，除了强调受教育者个人只有通过不断的学习和交流活动，才能使自己得到充实，使自己的知识“新陈代谢”，使自己所在的机构和组织具有丰富的知识资源的自由全面发展之外，还要强调团队精神的塑造和培养，提倡团队合作、沟通信息、共享知识。

（三）知识管理环境下图书情报学的创新对现实的指导意义

1. 图书情报学研究的发展应不断创新并与国际接轨

随着社会经济的发展和科技的不断进步，图书情报学的研究应不断变革和更新。现阶段，图书情报学的研究应包括理论研究与应用研究两方面，并且重点进行应用研究。我国现在的理论研究从某种程度上属于一种独立于应用，独立于实践的科研，它从实际上脱离了理论研究的根本意义，毕竟理论是实践的基础，我们研究理论的目的在于应用。

现阶段图书情报学研究应继续本着“与社会经济相融合，与国际接轨”的宗旨，其核心任务仍然应该是以知识为主要对象的知识信息的组织、加工与服务。具体包括数据库知识发现研究、知识管理研究（即知识组织、知识发现、知识链、智能代理、知识网络化研究等）、数字图书馆研究、技术研究（即网络技术、信息优化使用技术、元数据技术、信息安全和保护技术等）、信息构建研究（如何把传统的信息与现代科学技术有效结合）等。

2. 图书情报学教育的改革与创新

第一，完善情报学教育的知识结构体系。改变情报学教育中教材、课程长期不做调整的现状，根据学科发展的动态及时修改教学计划，保证教学内容中经典理论与学科前沿的平衡。强调分层次开展专业课程，大力改革情报学现有的学科体系，分层次地开展知识管理方面的课程，促进两者的有效融合，力争做到研究生阶段“精”，本科阶段“通”。

第二，渗透学科前沿知识。目前，就本科教育来说，图书情报界的学生很少有机会接触学科前沿，学生们在四年中学习的几乎都是将前人研究的成果进行归纳总结的理论和方法。因为没有认识，所以他们创新的概率非常小。可以说，他们没有真正走入学术研究的核心领域。

第二，加强学科资源建设。资源建设即硬件与软件设施建设。在网络化的环境中，应加强硬件设施投入，为研究提供更好的平台；同时，完善并改进软件资源，设立支持研究、支持教育的软件环境。

第三，采用网络远程教育对情报研究人员进行继续教育。网络信息资源的组织利用和数字图书馆的建设是情报学工作的重要内容。借助于网络对情报研究人员进行继续教育，可以通过网络平台分享研究人员在工作中积累的经验，达到知识共享和知识传播的效果。

参考文献

[1] 毕强．数字时代情报学发展前景 [J]. 图书情报工作，2010，54(12)：5–7.

[2] 赵蓉英，马丽娜．国际情报学核心期刊与研究热点的可视化分析 [J]. 情报科学，2011，29（8）：1 238–1 243.

[3] 邱均平，温芳芳．图书情报学研究热点与前沿的可视化分析——基于 13 种高影响力外文期刊的计量研究 [J]. 中国图书馆学报，2011(3)：51–60.

[4] 宗乾进，袁勤俭，沈洪洲．知识图谱视角下的 2010 年我国情报学研究热点——基于知识图谱的当代学科发展动向研究之一 [J]. 情报杂志，2011，30(12)：48–53.

[5] 杨爱青．我国图书情报学研究态势的可视化研究 [D]. 曲阜：曲阜师范大学，2012.

[6] 叶继元．图书情报与档案管理学科未来五年重点研究领域与选题——《高校哲学社会科学管理学部图书情报与档案管理学科战略规划研究报告》解读 [J]. 中国图书馆学报，2012(1)：105–112.

[7] 何超．我国管理科学学科演进的知识图谱研究 [D]. 长沙：湖南大学，2012.

[8] 王益明，崔莎，王婧文．2011 年我国情报学研究进展 [J]. 国家图书馆学刊，2012(3)：17–24.

[9] 白文倩．基于引文分析方法的教育技术学科知识图谱构建 [D]. 武汉：华中师范大学，2012.

[10] 杨思洛，韩瑞珍．国外知识图谱绘制的方法与工具分析 [J]. 图书情报知识，2012(6)：101–109.

[11] 杨思洛，韩瑞珍．知识图谱研究现状及趋势的可视化分析 [J]. 情报资料工作，2012(4)：22–28.

[12] 宗乾进，袁勤俭，沈洪洲，等．2001 ～ 2010 年国内情报学研究回顾与展望——基于知识图谱的当代学科发展动向研究 [J]. 情报资料工作，2012(1)：10–15.

[13] 连少华，王宇．近年来我国图书馆学研究热点与发展趋势——基于共被引分析 [J]. 图书情报工作，2013(6)：221–226.